# 말 상처 처방전

# 말상처 처방전

**초판 1쇄 발행** 2019년 12월 20일
**초판 5쇄 발행** 2025년 7월 10일

**지은이** 조경희
**그린이** 시미씨
**펴낸이** 구모니카
**편집** 김은유
**디자인** 양선애
**마케팅** 신진섭
**펴낸곳** M&K
**등록** 제7-292호 2005년 1월 13일
**주소** 경기도 고양시 일산서구 고양대로 255번길 45, 903동 1503호(대화동, 대화마을)
**전화** 02-323-4610
**팩스** 0303-3130-4610
**E-mail** sjs4948@hanmail.net

**ISBN** 979-11-87153-39-9  73710

※ 값은 뒤표지에 있습니다. 잘못된 책은 바꾸어 드립니다.

이 도서의 국립중앙도서관 출판예정도서목록(CIP)은
서지정보유통지원시스템 홈페이지(http://seoji.nl.go.kr)와
국가자료종합목록시스템(http://www.nl.go.kr/kolisnet)에서 이용하실 수 있습니다.
(CIP제어번호 : CIP2019048020)

# 말 상처 처방전

조경희 글·시미씨 그림

엠앤키즈

작가의 말

# 약이 되는 말 VS 독이 되는 말

　가족, 친구, 선생님…… 우리는 아침에 일어나서 밤에 잠이 들 때까지 많은 사람들과 시간을 보내요. 그리고 '말'을 통해서 생각과 마음을 나누지요. 그런데 말은 참 신기합니다. 어떤 말은 들으면 몸에 좋은 약이 되기도 하고, 어떤 말은 우리의 몸과 마음에 깊은 상처를 남기는 독이 되기도 하니까요.
　"넌 진짜 재수 없어.", "너는 도대체 왜 그 모양이니?", "너 때문에 못살아!"처럼 독이 되는 말이 있답니다. 이런 말들은 용기를 집어삼키고, 자신감을 떨어뜨려요. 때로는 예쁘고 바른 마음이 아니라 고약하고 심술궂은 마음을 먹게 할 수도 있고요.
　하지만 그와는 반대로 슬프고 외로울 때 가슴이 따듯해지는 말, 심심할 때 까르르 웃음이 터지게 하는 말, 실패로 힘들어할 때 기운이 나고 다시 용기를 낼 수 있게 하는 말이 있어요. 여러분은 하루 동안 이런 말을 얼마나 듣고 있나요? 이런 말을 들으면 몸에 좋은 보약을 먹은 것처럼 힘이 불끈 솟지요.

　'약이 되는 말'과 '독이 되는 말' 중에 여러분은 어떤 말을 주로 하나요? 곰곰이 생각해 보세요. 일부러 그런 건 아니지만 마음과는 다르게 거칠고 사나운 말로 다른 사람에게 상처를 입히고 있지는 않나요? 말로 다른 사람을 괴롭힌다는 생각은 꿈에도 해본 적이 없다고요? 때린 것도 아닌데 무슨 문제냐고요?

　주먹이나 힘을 사용해 몸에 상처를 입히는 것도 폭력이지만, 말로 마음에 상처를 입히는 것도 폭력이랍니다. 몸에 입은 상처는 약을 바르거나 시간이 지나면 차차 아물지만, 말로써 마음에 입은 상처는 오랜 시간이 흐른 뒤에도 잘 아물지 않는답니다. 눈에 보이지도 않고, 확실한 형태가 없는데도 마음의 상처는 오래가요.

　나도 친구가 한 말에 상처를 받은 적이 있어요. 어렸을 때 들었던 '말 상처'가 어른이 된 지금까지 마음을 아프게 했지요. 얼마 전 용기를 내어 친구에게 마음의 상처를 내보였답니다.

　"어머, 내가 그랬었니?"

나는 오랜 시간 아팠는데, 그 친구는 기억조차 하지 못했어요.

"그냥, 장난으로 그런 말을 했던 건데, 네 마음을 아프게 했다면 미안해."

그날의 상황에 대해 차근차근 이야기해 주자, 친구가 고개를 끄덕이면서 몹시 미안해했어요. 친구가 일부러 나에게 상처를 주기 위해 한 말이 아니었다는 사실을 알고 나는 그제야 슬픔에서 빠져나올 수 있었어요. 그리고 우리는 다시 둘도 없는 단짝이 되었지요.

그동안 말 상처 때문에 친구와 즐거운 시간을 보내지 못한 것에 안타까운 마음이 들었어요. 우리 친구들은 나처럼 말 상처 때문에 가족, 친구, 선생님과 같은 주변 사람과의 소중한 시간을 잃어버리지 않았으면 좋겠어요.

이 일로 '말 상처'에 대해 깊이 생각하게 되었어요. 친구처럼 다른 사람의 마음이나 형편을 잘 헤아리지 못해서 내가 한 말에 상처를 입은 사람도 있을 거라는 생각이 들었어요.

그래서 《말 상처 처방전》을 짓게 되었어요. 상처를 주는 말, 즉 '독이 되는 말'을 '약이 되는 말'로 바꾸는 비법을 담은 책이지요. 독초와 약초를 구분하듯이 독이 되는 말과 약이 되는 말을 꼼꼼하게 구분해서 실었어요. 이 책을 읽고 나면, 여러분도 몸에 좋은 보약을 먹은 것처럼 힘이 불끈 솟을 거예요.

일부러 그런 건 아니지만,
내 말에 상처 받은 사람들에게
미안한 마음을 담아
조 경 희

**상처 주는 '친구'의 말 VS 말 상처 처방전**

# 차례

작가의 말    4

01 "넌 왜 그렇게 덜렁거리니?"    16
02 "뭐야, 반장 잘못 뽑았잖아!"    18
03 "네 옷 정말 촌스럽다."    20
04 "아무것도 아닌 일로 우니까 짜증 나!"    22
05 "넌 고자질쟁이야."    24
06 "현수는 축구를 못하니까 빼고 하자."    26
07 "해바라기는 노란색이지. 넌 그런 것도 모르니?"    28
08 "너, 오줌싸개라며?"    30
09 "뛰는 거니? 걷는 거니?"    32
10 "그렇게 쉬운 문제도 못 풀다니, 진짜 멍청하다."    34
11 "너 그럴 줄 알았다."    36
12 "친구를 따돌리다니 너 정말 나쁜 아이구나."    38
13 "네 헤어스타일 정말 웃긴다."    40
14 "사실 무서워서 그렇지? 너 겁쟁이잖아."    42
15 "너한테서 이상한 냄새나."    44

⑯ "넌 왜 눈치가 없니?" 46
⑰ "네가 그렇지, 뭐." 48
⑱ "불쌍해서 같이 놀아 주는 거야." 50
⑲ "정말 이상한 스타일이야." 52
⑳ "바보야, 넌 눈을 어디다 두고 다니니?" 54
㉑ "축구도 못하잖아. 넌 좀 가만히 있어." 56
㉒ "너 정말 못생겼다!" 58
㉓ "네가 잘못했어." 60
㉔ "넌 그냥 입 다물고 있어." 62
㉕ "너랑 안 놀아!" 64
㉖ "넌 찌질이야." 66
㉗ "공부도 못하는 게." 68
㉘ "네 성적으로는 어림도 없어. 그만 포기해." 70
㉙ "나만 아니면 돼!" 72
㉚ "넌 진짜 재수 없어." 74

상처 주는 '선생님'의 말
VS
말 상처 처방전

- 01 "또 숙제를 안 해 왔구나." — 78
- 02 "너는 지각을 밥 먹듯이 하는구나." — 80
- 03 "너 거짓말쟁이구나." — 82
- 04 "넌 왜 이것밖에 못하니?" — 84
- 05 "끝까지 못할 거면 하지 마." — 86
- 06 "너 때문에 미치겠다." — 88
- 07 "너는 그런 것도 제대로 못하니?" — 90
- 08 "너는 먹는 것도 까탈스럽구나." — 92
- 09 "또 너니?" — 94
- 10 "네가 잘못했겠지." — 96
- 11 "넌 좀 가만히 있어!" — 98
- 12 "거짓말인 거 다 알아." — 100
- 13 "너 바보니?" — 102
- 14 "너는 그게 말이 된다고 생각하니?" — 104
- 15 "제발 여러 번 말하게 하지 마." — 106

| 16 | "바보 같은 질문 좀 하지 마." | 108 |
| 17 | "너는 도대체 왜 그 모양이니?" | 110 |
| 18 | "네 실력으로는 어림없어!" | 112 |
| 19 | "기대도 하지 않았어." | 114 |
| 20 | "다 컸는데 왜 아기처럼 구니?" | 116 |
| 21 | "어린애처럼 울지 좀 마." | 118 |
| 22 | "욕하지 말랬지!" | 120 |
| 23 | "넌 게을러서 탈이야." | 122 |
| 24 | "너 참 이기적이다." | 124 |
| 25 | "여자답게 행동해라." | 126 |
| 26 | "넌 도움이 안 돼." | 128 |
| 27 | "넌 할 줄 아는 게 뭐니?" | 130 |
| 28 | "얌전히 좀 있어." | 132 |
| 29 | "커서 뭐가 되려고 그러니?" | 134 |
| 30 | "공부는 못하면서!" | 136 |

상처 주는 '가족'의 말
vs
말 상처 처방전

| 01 | "우리 집에서는 항상 네가 문제야." | 140 |
| 02 | "어른들 이야기에 끼어들지 마." | 142 |
| 03 | "너는 나중에 사 줄게." | 144 |
| 04 | "너 때문에 못살아!" | 146 |
| 05 | "형이니까 동생에게 양보하렴." | 148 |
| 06 | "넌 생각이 있는 거니? 없는 거니?" | 150 |
| 07 | "다 컸으니까 혼자 알아서 해." | 152 |
| 08 | "절대 친구한테 지면 안 돼!" | 154 |
| 09 | "지원이는 100점 맞았다는데, 너는 70점이 뭐니?" | 156 |
| 10 | "넌 누굴 닮아서 덤벙대니?" | 158 |
| 11 | "남자는 울면 안 돼!" | 160 |
| 12 | "맨날 그런 식이지!" | 162 |
| 13 | "그만 놀고 공부해." | 164 |
| 14 | "네가 나빴어. 당장 사과해!" | 166 |
| 15 | "너는 왜 조심성이 없니?" | 168 |

⑯ "너는 할 줄 아는 게 아무것도 없구나."　　170
⑰ "그만 먹어, 살쪄!"　　172
⑱ "우리 집안에 너처럼 머리가 나쁜 사람은 없어."　　174
⑲ "잘못했니? 안 했니?"　　176
⑳ "숙제부터 하고 쉬어."　　178
㉑ "이런 못된 짓, 누구한테 배웠니?"　　180
㉒ "시키지 않은 일은 하지 마."　　182
㉓ "상 하나 못 받다니 너 때문에 창피해."　　184
㉔ "거짓말하지 말랬지?"　　186
㉕ "넌 이제 다 컸잖아."　　188
㉖ "당장 움직이지 않으면 두고 갈 거야!"　　190
㉗ "넌 왜 이렇게 고집불통이니?"　　192
㉘ "넌 그런 것도 이해 못 하니?"　　194
㉙ "다음번에는 1등 할 수 있지?"　　196
㉚ "귀찮아, 저리 가."　　198

# 상처 주는 '친구'의 말

## 말 상처 처방전

꽃에 물을 주려다가
화분을 깨뜨리고 말았어.

"넌 왜 그렇게 덜렁거리니?"

> 말 상처 처방전

괜찮아?

다친 데는 없어?

예쁜 마음으로 물을 주려고 했는데 속상하겠다.

나도 화분을 깨뜨린 적 있어.

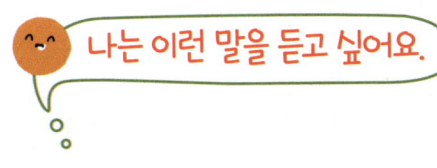

------

------

02

처음으로 학급 반장에 뽑혔어.
잘할 수 있을지 마음이 조마조마해.

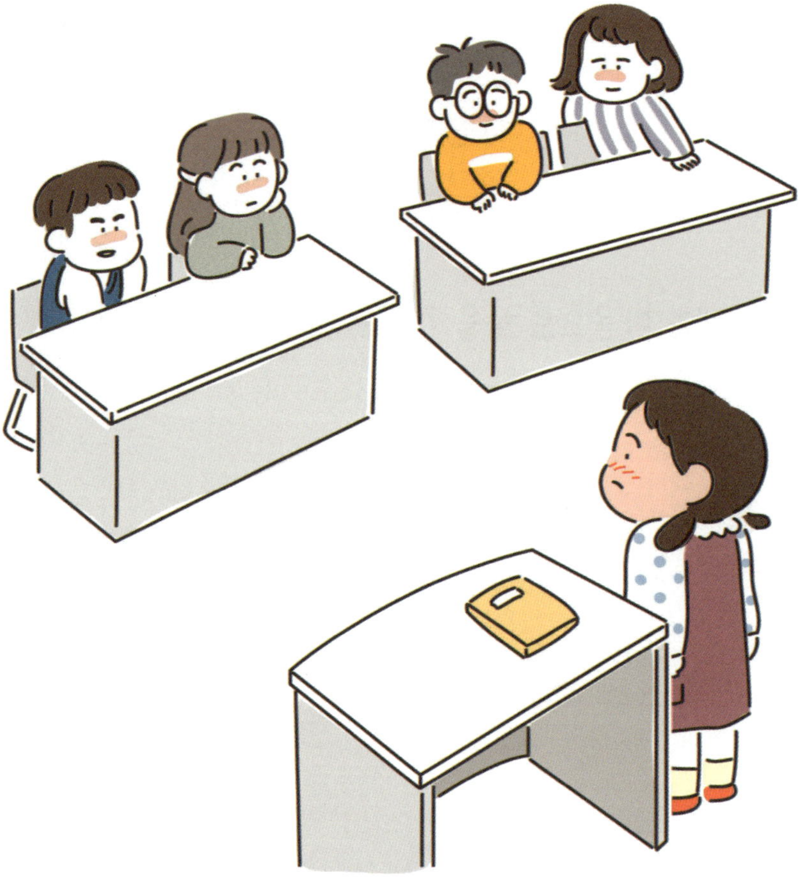

"뭐야, 반장 잘못 뽑았잖아!"

## 말 상처 처방전

반장이 된 것 축하해.
나는 네가 반장이 되어서 좋아.

처음부터 잘하는 사람은 없어.
그러니까 너무 겁먹지 마.

힘들 때는 내가 도와줄게!

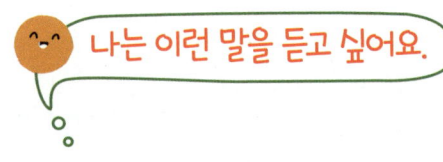

------------------------------------------------

------------------------------------------------

엄마가 새로 사 준 옷을 입고
학교에 갔어.

"네 옷 정말 촌스럽다."

> 말 상처 처방전

와, 멋있다!

어떤 옷을 입어도 넌 항상 빛나!

개성 있어 보여 좋아.
꼭 다른 사람의 마음에 들 필요는 없지.

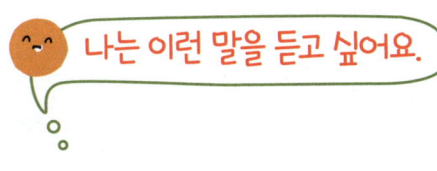

------

------

미술 시간에 은비가 색칠을 망쳤다면서
울음을 터트렸어.

"아무것도 아닌 일로 우니까 짜증 나!"

## 말 상처 처방전

열심히 그린 그림을 망쳐서
속상한가 보구나.

이번에는 실수했지만
다음에는 더 잘할 수 있을 거야.

네가 원한다면 내가
그림을 다시 그릴 수 있게 도와줄게.

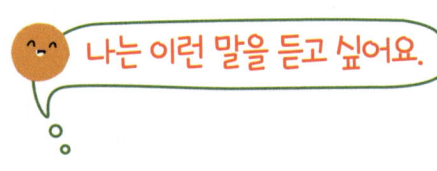

나는 이런 말을 듣고 싶어요.

------------------------------------------------

------------------------------------------------

준우는 선생님을 찾아가 선재에게 괴롭힘을
당하고 있다는 사실을 털어놓았어.

"넌 고자질쟁이야."

> 말 상처 처방전

나도 선재 때문에 괴로웠는데,
선재의 행동을 멈추게 해 줘서 고마워.

잘못된 행동을 바로잡는
용기 있는 행동이었다고 생각해.

선재를 위해서도 네 행동이 옳았어.

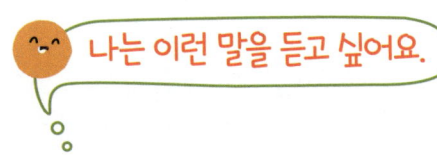

------

------

"축구할 사람 모여라!"

"현수는 축구를 못하니까 빼고 하자."

## 말 상처 처방전

괜찮아.
뭐든지 다 잘하는 사람은 없어.

우리 친구인데, 빼면 되냐?
현수도 계속 하다 보면 실력이 늘 거야.

나도 축구할 때 헛발질 해 본 적 있어.

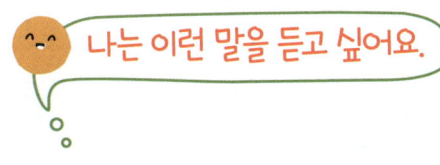

------

------

노란색 크레파스를 잃어버려서
주황색으로 해바라기를 색칠했어.

"해바라기는 노란색이지.
넌 그런 것도 모르니?"

## 말 상처 처방전

노란색 크레파스가 없구나.
내 것으로 같이 쓰자.

주황색 해바라기도 예뻐.

네 그림 멋지다!
넌 상상력이 정말 풍부해.

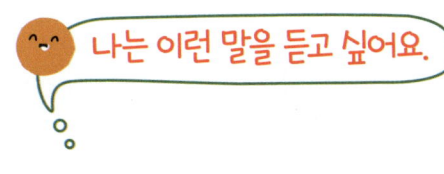

나는 이런 말을 듣고 싶어요.

어떻게 알았는지 유치원 때 바지에
오줌 싼 걸 알고 민지가 놀렸어.

"너, 오줌싸개라며?"

> 말 상처 처방전

사람은 누구나 실수를 해.

그건 부끄러운 일이 아니야.
친구를 놀리는 게 더 부끄러운 일이래.

내가 한 말에 마음이 아팠지?
이제 그러지 않을게.

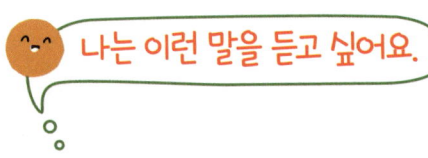

나는 이런 말을 듣고 싶어요.

------------------------------------------

------------------------------------------

달리기를 하는데 점점 속도가 느려졌어.

"뛰는 거니? 걷는 거니?"

> 말 상처 처방전

힘들어도 최선을 다한 모습이 좋아 보였어.

내가 옆에서 함께 뛰어 줄게.

언제나 너를 응원하는 사람이 있다는 걸 기억해.

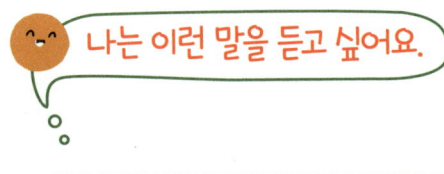

-------------------------------------------------

-------------------------------------------------

아무리 끙끙거려도 수학 문제가
풀리지 않았어.

"그렇게 쉬운 문제도 못 풀다니,
진짜 멍청하다."

## 말 상처 처방전

내가 도와줄까?

모르는 것을 물어보는 것도 용기야.
선생님께 여쭤 봐.

열심히 노력하다 보면 좋아질 거야.

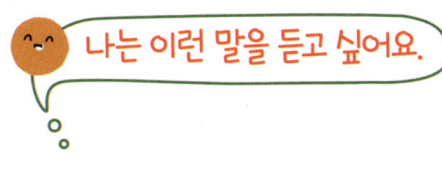

나는 이런 말을 듣고 싶어요.

------------------------------------------------

------------------------------------------------

빨리 집에 갈 생각에 들떠서
어항을 넘어뜨리고 말았어.

"너 그럴 줄 알았다."

## 말 상처 처방전

다행히 금붕어들은 멀쩡하니까
걱정하지 않아도 돼.

괜찮아. 실수할 수도 있는 거지, 뭐.
어항은 다시 원래 자리에 놓아두면 돼.

내가 도와줄게. 네가 새 물을 가져오면
내가 걸레로 바닥을 닦아 놓을게.

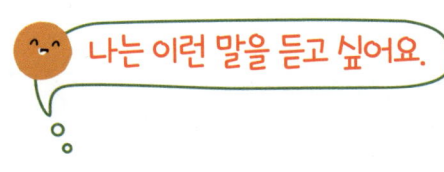

나는 이런 말을 듣고 싶어요.

------------------------------------

------------------------------------

내 마음에 쏙 드는 친구들에게만
생일 파티 초대장을 나누어 주었어.

"친구를 따돌리다니 너 정말 나쁜 아이구나."

> 말 상처 처방전

초대 받지 못해서 상처받은 친구가 있는지 살펴보자.
초대 받지 못한 친구의 마음은 어떨까?

아무래도 다 초대하기는 힘들지?
하지만 꼭 초대 받고 싶은 친구들도 있을 텐데
좋은 방법이 없을까?
함께 머리를 맞대고 생각해 보자.

친구가 많아지면 훨씬 즐거울 거야.

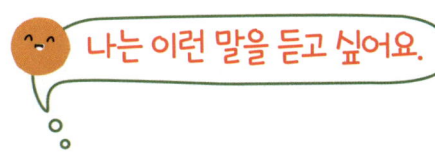

― ― ― ― ― ― ― ― ― ― ― ― ― ― ― ― ― ― ― ― ― ― ―

― ― ― ― ― ― ― ― ― ― ― ― ― ― ― ― ― ― ― ― ― ― ―

머리카락을 너무 짧게 자르는 바람에
삼각김밥 모양이 되어 버렸어.

"네 헤어스타일 정말 웃긴다."

## 말 상처 처방전

헤어스타일이 마음에 안 들어서 속상하지?
하지만 머리카락은 금방 자라니까 걱정 마.

헤어스타일 되게 잘 어울린다!

헤어스타일에 신경 쓰지 않는다고 말하면
친구들이 더 이상 놀리지 않을 거야.

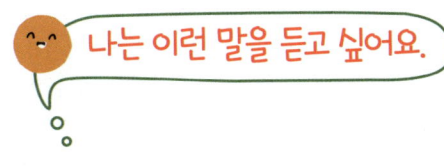

------

------

연약한 동물을 괴롭히는 건
비겁한 짓이라고 용기를 내어 말했어.

"사실 무서워서 그렇지?
너 겁쟁이잖아."

## 말 상처 처방전

동물을 사랑하는
예쁜 마음을 가졌구나.

자기보다 약한 존재를 지켜 주려는 용기를
나도 본받고 싶어.

네 생각이 옳아.
그러니까 겁쟁이라고 놀려도 상처받지 마.

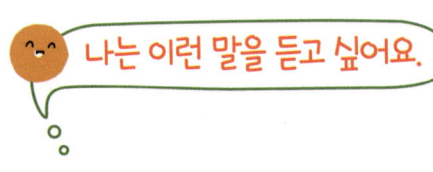

------
------

아침에 늦잠을 자는 바람에
머리를 감지 못하고 학교에 갔어.

"너한테서 이상한 냄새나."

## 말 상처 처방전

창피한 기분 나도 잘 알아.
나도 그런 적 있거든.

내일은 일찍 일어나면 돼.
내가 아침에 전화로 깨워 줄까?

다른 애들은 크게 신경 쓰지 않을 거야.
그러니까 너무 움츠러들 필요 없어.

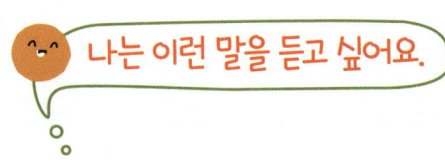

------

------

소망이가 의견을 말하고 있는데
내가 참지 못하고 끼어들었어.

"넌 왜 눈치가 없니?"

## 말 상처 처방전

넌 정말 적극적이라서 좋아.
소망이 말이 끝나면 네 생각도 듣고 싶어.

잠깐만 기다려 줄래?
차례가 되면 네 의견도 들어줄게.

다른 사람의 의견을 귀담아듣는 것도 중요해.

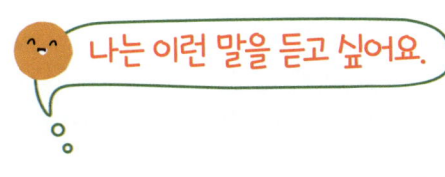

------------------------------------------------

------------------------------------------------

장난감 자동차를 가지고 놀다가
바퀴가 빠졌어.

"네가 그렇지, 뭐."

> 말 상처 처방전

괜찮아, 그럴 수도 있지.

서두르지 말고 천천히 끼워 봐.

자동차 바퀴 끼우는 방법을 알려 줄게.

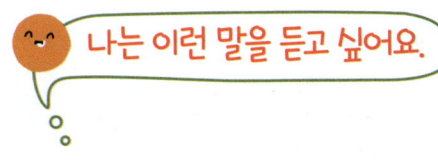

------------------------------------------------

------------------------------------------------

18

화장실에 갔다가 짝꿍이 다른 친구에게
나에 대해 하는 말을 듣고 말았어.

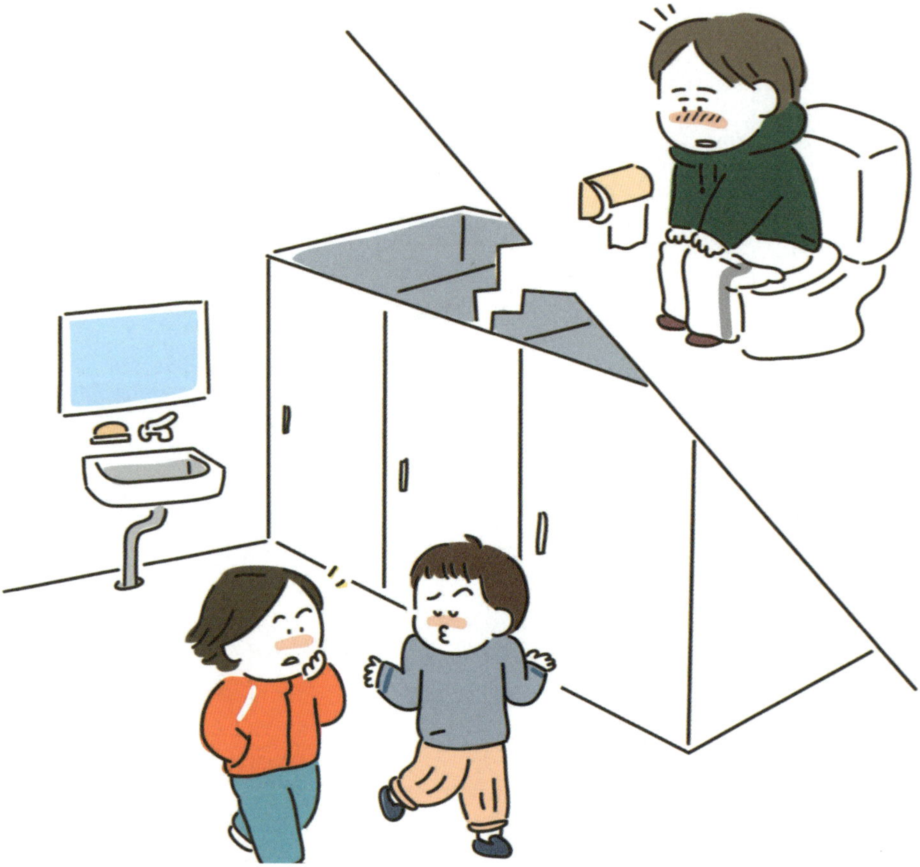

"불쌍해서 같이 놀아 주는 거야."

## 말 상처 처방전

넌 혼자가 아니야.
내가 네 편이 되어 줄게.

너는 우리 반에서
꼭 필요한 친구야.

나는 너랑 놀면 재밌어.

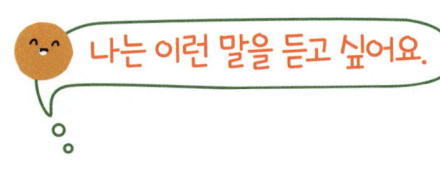

나는 이런 말을 듣고 싶어요.

------------------------------------------------

------------------------------------------------

멋지게 생긴 거미를 친구들에게 자랑했어.

"정말 이상한 스타일이야."

> 말 상처 처방전

생김새가 다르듯이 사람마다
좋아하는 것이 다를 수 있지.

남과 다르다는 건
매우 중요한 거야.

다르면 뭐 어때!
다른 게 이상한 건 아니지.

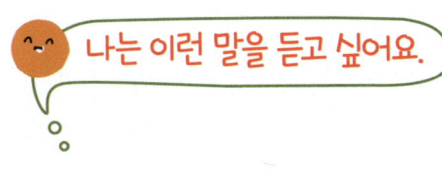

------

------

## 20 복도에서 급히 걷다가 다른 친구와 부딪쳤어.

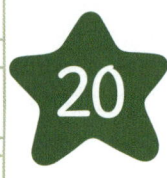

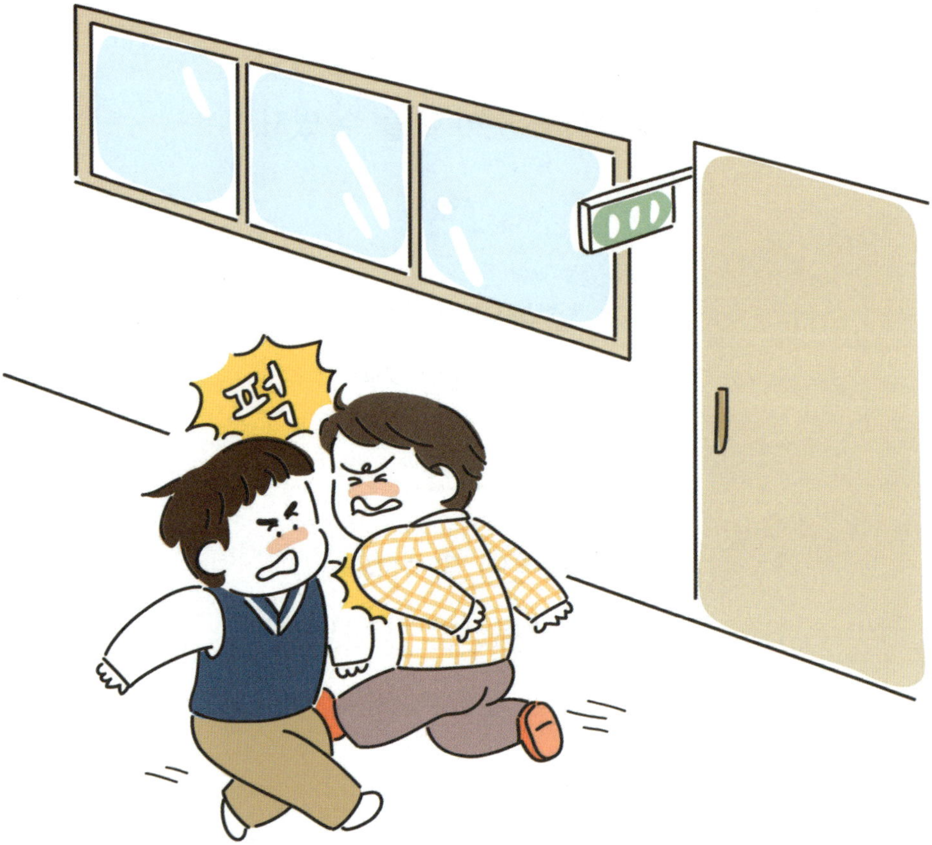


"바보야, 넌 눈을 어디다 두고 다니니?"

## 말 상처 처방전

우리 둘 다 잘못했어.
다음부터 조심하자.

미안해.
내가 앞을 잘 못 봤어.

우리 둘 다 크게 다치지 않아서 다행이야.

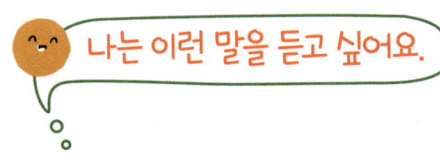

나는 이런 말을 듣고 싶어요.

---

---

축구를 하고 싶은데 하민이가
야구를 하자고 우겨서 싸웠어.

"축구도 못하잖아. 넌 좀 가만히 있어."

## 말 상처 처방전

좋아하는 것이 달라도
얼마든지 사이좋게 지낼 수 있어.

이번에는 야구를 하고 다음엔 축구를 하자.
그게 공평하지?

그럼 나한테 축구를 가르쳐 줘.
네가 좋아하는 거니까 나도 배워 볼게.

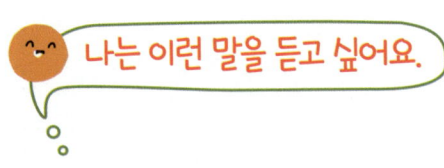

------------------------------------------------

------------------------------------------------

단춧구멍 같은 눈, 동굴 같은 콧구멍!
내 얼굴을 보고 은성이가 놀렸어.

"너 정말 못생겼다!"

## 말 상처 처방전

나는 그냥 너 자체로 좋아.

네 웃는 얼굴을 보면 기분이 좋아.
그러니까 얼굴 찡그리지 마.

세상에 못생긴 얼굴은 없어.
모두가 다르게 생겼을 뿐이야.

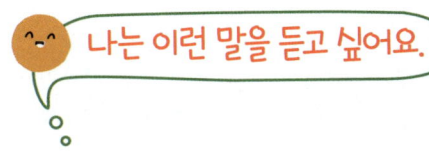

나는 이런 말을 듣고 싶어요.

------------------------------------------------

------------------------------------------------

수돗가에서 손을 씻고 있는데
승우가 새치기를 했어.
잘못은 승우가 했는데도 친구들이 승우 편만 들었어.

"네가 잘못했어."

> 말 상처 처방전

승우 때문에 화가 났구나.
네 기분을 알 것 같아.

네가 잘못하지 않은 걸 알아.
네가 왜 화가 났는지 내가 친구들에게 말해 줄게.

왜 화가 났는지 차분히 설명해 줄래?
다음부터는 그런 일이 일어나지 않도록
승우한테도 잘 설명해 주자.

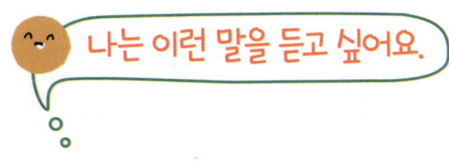

_____

_____

## 24

의견을 말하려는데 세희가 내 입을 막았어.

"넌 그냥 입 다물고 있어."

> 말 상처 처방전

네 마음을 몰라줘서 미안해.
네 의견도 들어 보고 싶은데 말해 줄래?

공정하게 3분씩 돌아가면서 이야기하고
상대가 이야기할 때는 기다리자.

너한테 좋은 의견이 있을 거 같아.
우리 편하게 의견을 내 보자.

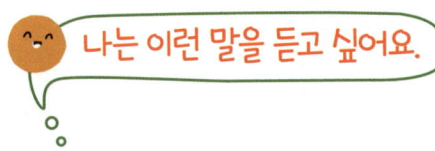

나는 이런 말을 듣고 싶어요.

------------------------------------

------------------------------------

화가 나서 은비에게
필통을 던지고 말았어.

"너랑 안 놀아!"

## 말 상처 처방전

네가 던진 물건에 맞으면 은비가 아플 거야.

어떠한 경우라도 폭력은 옳지 않아.
네가 진심으로 사과를 했으면 좋겠어.

네가 왜 화가 났는지 은비한테 말해 주면
다음부터는 같은 일이 반복되지 않을 거야.

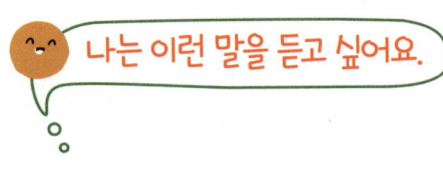

------

------

하민이가 싸움을 걸어왔지만 피했어.
싸우고 싶지 않았거든.

"넌 찌질이야."

## 말 상처 처방전

사실이 아니니까
전혀 신경 쓰지 마.

잘 피했어.
싸우다 보면 몸도 마음도 다칠 수 있으니까.

싸움은 얻는 것보다 잃는 것이 훨씬 많아.
지혜롭게 잘 행동했어.

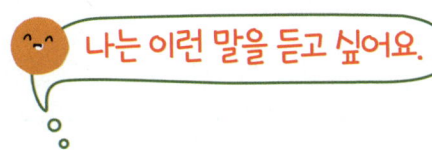
나는 이런 말을 듣고 싶어요.

------

------

27

쉬는 시간인데도 놀지 않고 시험 공부를 했어.

"공부도 못하는 게."

> 말 상처 처방전

공부 잘돼 가니?
잘하고 있으니까 힘내!

같이 공부할래?
너랑 공부하면 나도 열심히 할 수 있을 거 같아.

모르는 문제가 있으면 기꺼이 도와줄게.

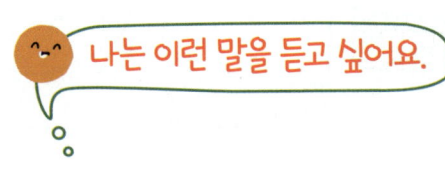

---------------------------------------------------

---------------------------------------------------

사람들의 병을 낫게 하는 의사가 되고 싶어.

"네 성적으로는 어림도 없어.
그만 포기해."

## 말 상처 처방전

너 자신을 믿고 용기를 내 봐.
너는 뭐든 할 수 있어!

다른 사람 말에 흔들리지 마.
네 인생의 주인은 바로 너야.

너는 마음이 따뜻하니까
멋진 의사가 될 거야.

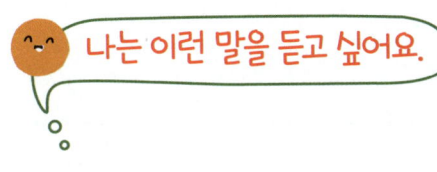

------------------------------------------

------------------------------------------

은성이가 은비의 등을 연필로 쿡쿡 찔렀어.
아이들이 재미있어하면서 키득키득 웃었어.

"나만 아니면 돼!"

> 말 상처 처방전

넌 소중해.
우리가 널 지켜 줄게.

네가 잘못해서 그런 일을 당하는 게 아니야.
위축되지 말고 당당하게 행동해.

선생님께 말씀드려서 자리를 바꿔 달라고 하자!
내가 같이 가 줄게.

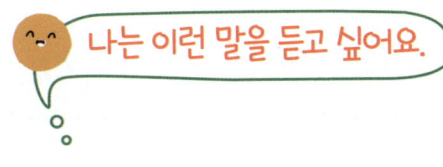

------

------

"내가 가르쳐 줄게."
민지에게 도움을 주려고 했던 것뿐인데…….

"넌 진짜 재수 없어."

## 말 상처 처방전

오늘 고마웠어.
우리 평생 사이좋게 지내자.

너는 정말 수학을 잘하는 것 같아.
네가 내 친구인 게 자랑스러워.

너도 도움이 필요할 때 말해.
나도 도와줄게.

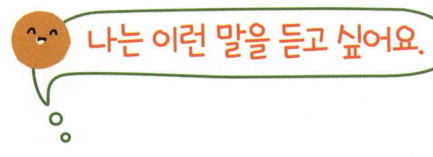

------------------------------------------------

------------------------------------------------

# 상처 주는 '선생님'의 말

VS

## 말 상처 처방전

01

숙제를 깜빡한 채 학교에 갔어.

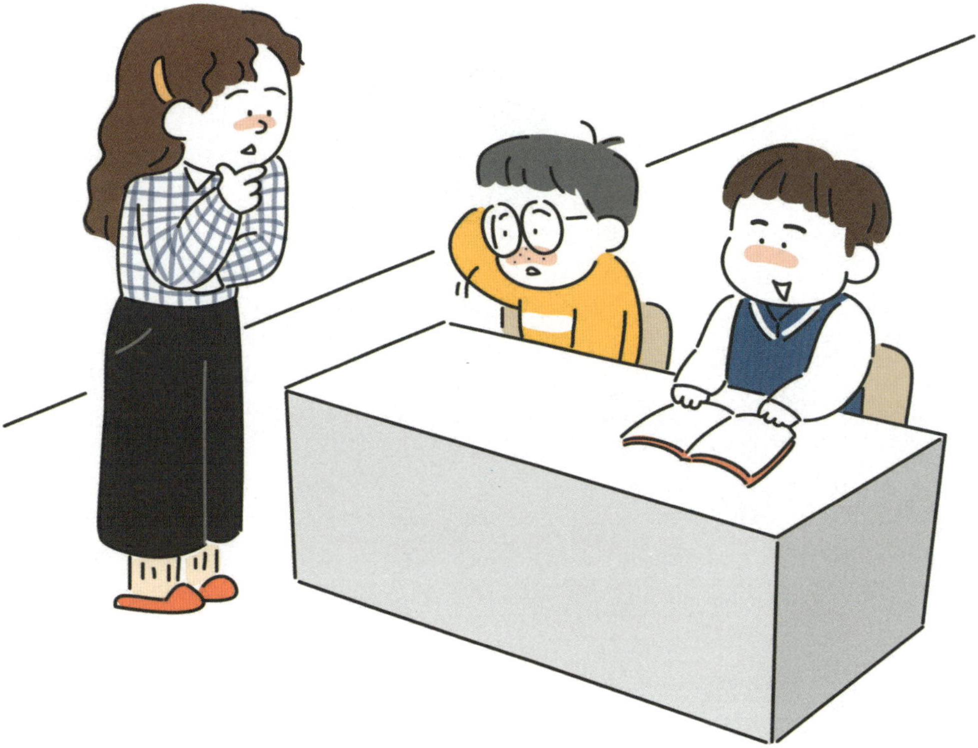

"또 숙제를 안 해 왔구나."

## 말 상처 처방전

어제 무슨 일이 있었니?
다음에는 잊지 말고 꼭 해 오렴.

숙제는 우리 반 모두의 약속이야.
다음부터는 잘해 올 수 있지?

숙제는 부족한 공부에 도움을 주기 때문에
힘이 들더라도 해야만 한단다.

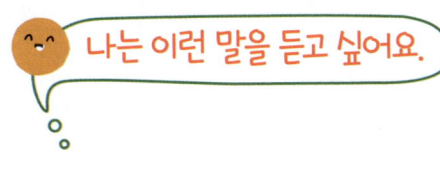

------

------

02

늦잠을 자서 허겁지겁 학교에 갔어.

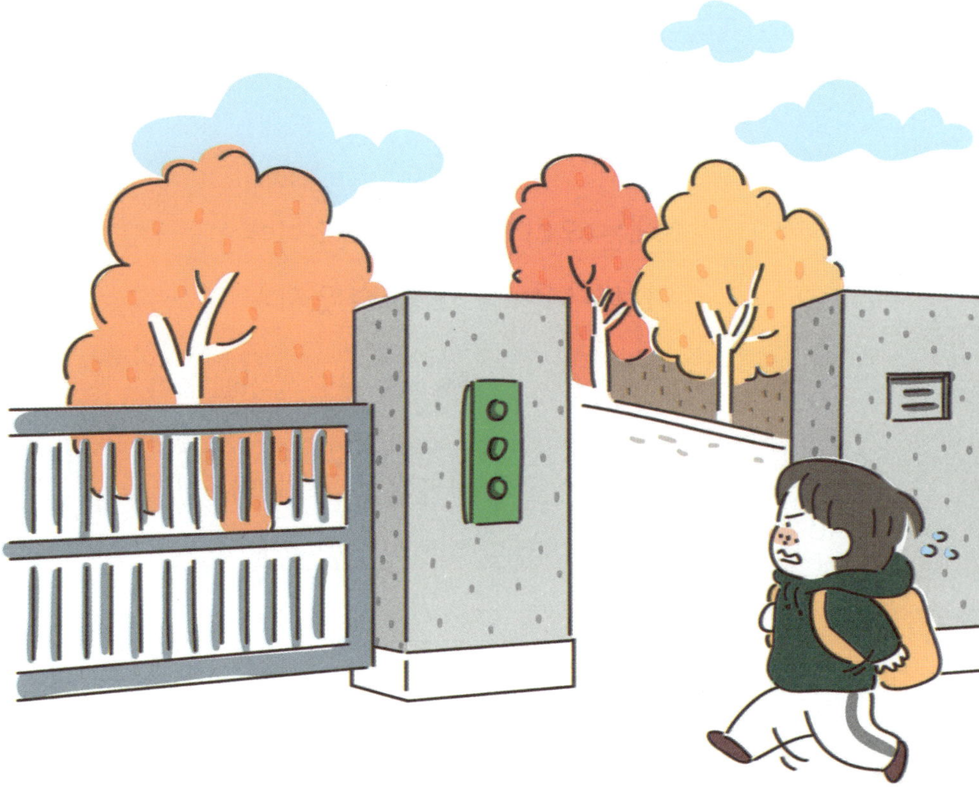

"너는 지각을 밥 먹듯이 하는구나."

> 말 상처 처방전

왜 지각을 하는지
그 이유에 대해서 얘기해 줄 수 있겠니?

제시간에 등교하는 게
어렵겠지만 한번 노력해 볼까?

좋지 못한 습관을 바로잡는 게 당장은 힘들겠지만
언젠가는 도움이 된단다.

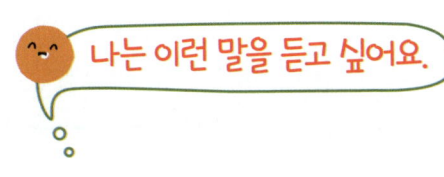

------------------------------

------------------------------

**03** 나도 모르게 친구의 지갑을 훔치고 말았어.
"내가 안 훔쳤어요." 거짓말을 하면서 엉엉 울었어.

"너 거짓말쟁이구나."

## 말 상처 처방전

거짓말로 당장은 위기를 벗어나더라도 나중에는
네 마음이 힘들어진단다.

용기를 내서 솔직하게 말할 수 있어야 해.
그래야 너를 도와줄 수 있단다.

힘이 들더라도 사실대로 말해 주면 고맙겠다.

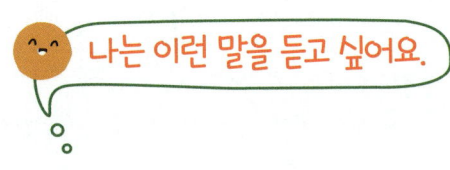

나는 이런 말을 듣고 싶어요.

------------------------------------------------

------------------------------------------------

받아쓰기 점수 60점, 어제보다 10점이나 올랐는데도 선생님이 한숨을 내쉬었어.

"넌 왜 이것밖에 못하니?"

## 말 상처 처방전

10점이나 올랐구나.
선생님은 네가 자랑스러워.

노력하는 네 모습이 보기 좋구나.

잘했어.
내일도 우리 잘해 보자.

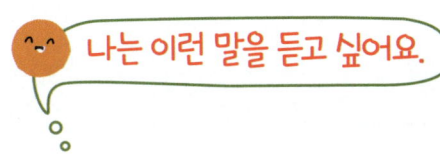

나는 이런 말을 듣고 싶어요.

------------------------------------------------

------------------------------------------------

미술 시간에 완성하지 못한 만들기를 하느라
쉬는 시간인데도 꼼짝하지 않았어.

"끝까지 못할 거면 하지 마."

## 말 상처 처방전

널 다시 봤어.
끈기가 대단한데!

끝까지 노력하는 모습이
보기 좋구나.

할 수 있는지 없는지는 끝까지 해 봐야 알 수 있는 거야.
기다릴 테니까 끝까지 만들어 볼래?

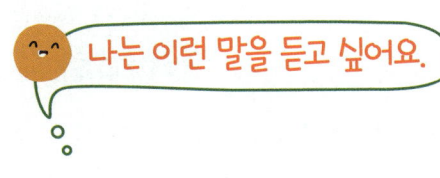

--------------------------------------------------

--------------------------------------------------

06

체육 시간이 끝났는데도
교실 안으로 들어가고 싶지 않았어.

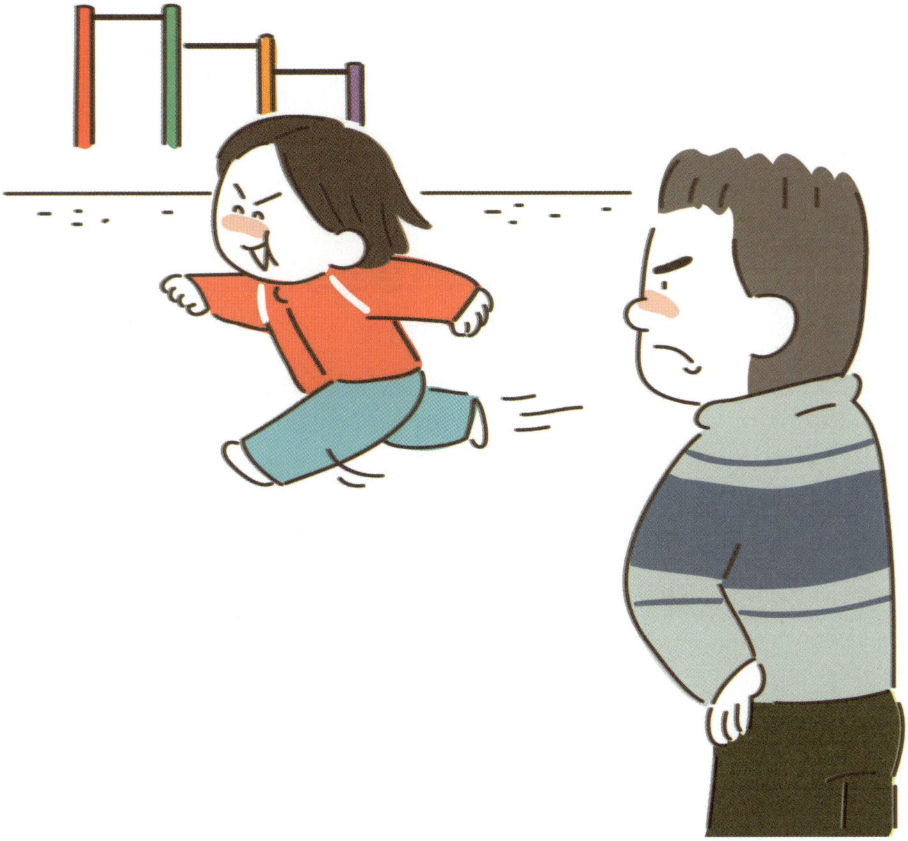

"너 때문에 미치겠다."

> 말 상처 처방전

더 놀고 싶은데
체육 시간이 끝나서 아쉬운 모양이구나.

너는 체육을 좋아하는구나!
선생님도 체육이 좋은데,
지금은 교실에서 공부를 해야 하니까 같이 들어가자.

네가 시간 규칙을 잘 지키는 걸 보여 줄 수 있겠니?

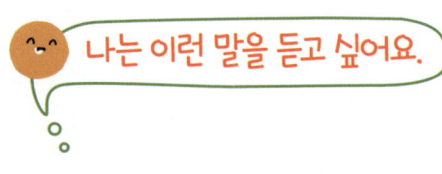

------------------------------------------------------------

------------------------------------------------------------

너무나 떨려서 발표 원고를 잊어버리는 바람에
영어 말하기 대회에서 떨어지고 말았어.

"너는 그런 것도 제대로 못하니?"

## 말 상처 처방전

열심히 준비했을 텐데 속상하겠구나.
그래도 선생님은 도전하는 네 모습이 자랑스러웠어.

괜찮아.
다음에 다시 도전하면 돼.

최고보다는 최선을 다하는 게 더 중요해.
최선을 다하는 네 모습이 멋졌어.

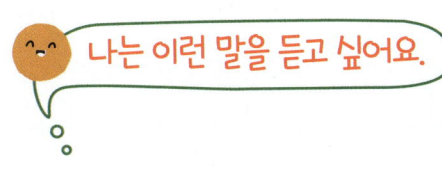

------------------------------------------

------------------------------------------

싫어하는 시금치나물을 영재에게 주다가
선생님들에게 들켰어.

"너는 먹는 것도 까탈스럽구나."

> 말 상처 처방전

선생님도 어렸을 적에 그런 적이 있어.
네 마음 이해해.

네가 만약 영재라면 기분이 어떨 것 같니?
서로 입장을 바꾸어서 생각해 보자.

골고루 먹으면 몸도 마음도 지금보다 건강해질 거야.

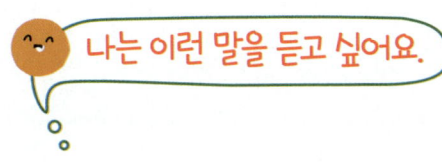

나는 이런 말을 듣고 싶어요.

---------------------------------

---------------------------------

 수업 시간에 짝꿍과 수다를 떨다 들켰어.

"또 너니?"

### 말 상처 처방전

수업 시간에 이야기하고 싶으면
선생님의 허락을 받아야 한단다.

수업 시간에 조용히 해 주면
선생님과 친구들에게 도움이 될 것 같아.

네가 열심히 선생님의 말을 들어주면
기운이 날 것 같아.

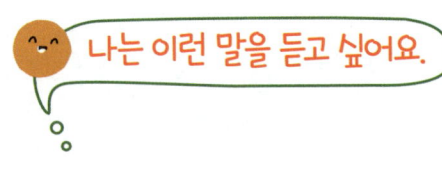

------

------

하민이가 내 공책에 낙서를 하는 바람에
티격태격 싸움이 붙었어.

"네가 잘못했겠지."

## 말 상처 처방전

상대방의 이야기를 들으면 오해가 풀릴 거야.
각자 자기가 한 행동에 대해 이야기해 보자.

선생님이 공평하게 들어줄 테니까
한 사람씩 말해 보자.

싸움은 상황을 더 나빠지게 만들 뿐이야.
서로 사과하고 다시 사이좋게 지낼 수 있겠니?

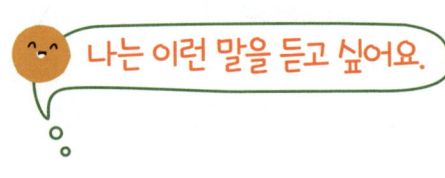

나는 이런 말을 듣고 싶어요.

------------------------------------------

------------------------------------------

"저요! 저요!"
나 혼자 계속해서 손을 번쩍번쩍 들었어.

"넌 좀 가만히 있어!"

## 말 상처 처방전

다른 사람에게도
균등하게 발표할 기회를 줘야 한단다.

네 생각도 중요하지만
다른 사람의 생각을 듣는 것도 도움이 될 거야.

무조건 빨리 하는 것보다
침착하게 생각하고 발표하는 건 어떨까?

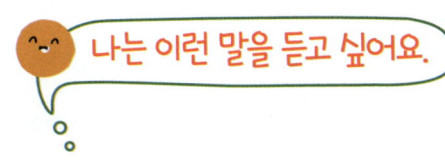

나는 이런 말을 듣고 싶어요.

------------------------------------------------

------------------------------------------------

## 12

실수로 유리창을 깨뜨렸는데,
밖에서 야구공이 날아와 깨진 거라고 우겼어.

"거짓말인 거 다 알아."

## 말 상처 처방전

솔직하게 털어놓으면
마음이 한결 가벼워질 거야.

아직은 마음의 준비가 안 된 모양이구나.
조금 지나면 솔직하게 말하고 싶은 마음이 들 거야.

실수는 누구나 할 수 있어.
선생님은 정직한 게 중요하다고 생각해.

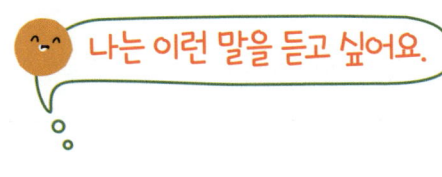

나는 이런 말을 듣고 싶어요.

------------------------------------------------

------------------------------------------------

수학을 56점 맞아서 속상한데,
선생님이 말씀하셨어.

"너 바보니?"

## 말 상처 처방전

모든 과목을 다 잘할 수는 없는 거야.
넌 지금도 아주 잘하고 있어.

지금은 수학이 어렵겠지만,
조금만 노력하면 차차 잘하게 될 거야.

어려우면 얘기해.
선생님은 언제든 너를 도울 준비가 되어 있어.

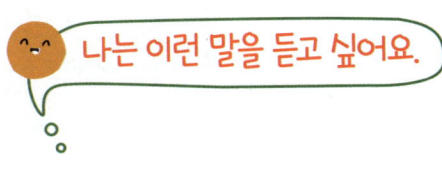

------

------

14

청소 시간에 운동장에서
놀아도 되냐고 물었어.

"너는 그게 말이 된다고 생각하니?"

## 말 상처 처방전

나는 네 입장이 되어서 생각해 볼 테니,
너는 선생님과 친구들 입장에서 생각해 볼래?
어떻게 하는 게 서로 좋을까?

부지런히 청소하면
10분 정도 놀 수 있는 시간이 주어질 거야.

청소를 끝내고 놀아야
더 마음 편하게 놀 수 있을 거야.

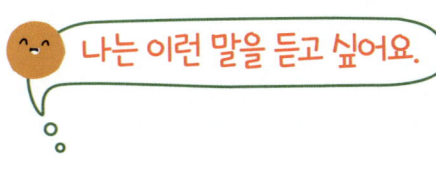

------

------

선생님이 무슨 심부름을 시켰는지
잘 생각이 나지 않았어.

"제발 여러 번 말하게 하지 마."

## 말 상처 처방전

한 번 더 천천히 설명해 줄게.

마음이 바쁘거나 다른 일에 신경 쓰다 보면 그럴 수 있어.
나도 그런 적이 있어.

다시 말해 줄 테니
서두르지 말고 천천히 다녀오렴.

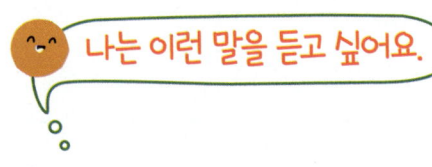

------

------

**16**

"선생님, 악어들은 왜 학교에 안 다녀요?"

"바보 같은 질문 좀 하지 마."

## 말 상처 처방전

너는 왜 그런다고 생각하니?
선생님은 네 생각이 궁금해.

너도 악어처럼 학교에 안 다니고 싶니?
악어는 그 반대로 너처럼 학교에 다니고 싶어 할 것 같은데.
우리 악어한테 물어볼까? 하하하!

어쩜 그렇게 상상력이 뛰어난 질문을 할 수 있지?
네가 어떤 어른이 될지 기대가 된다.

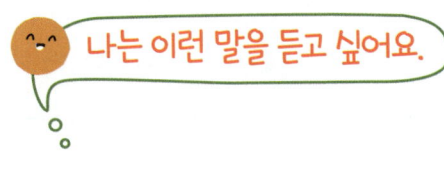

------------------------------

------------------------------

## 17 계단에서 넘어지는 바람에 무릎에 상처가 났어.

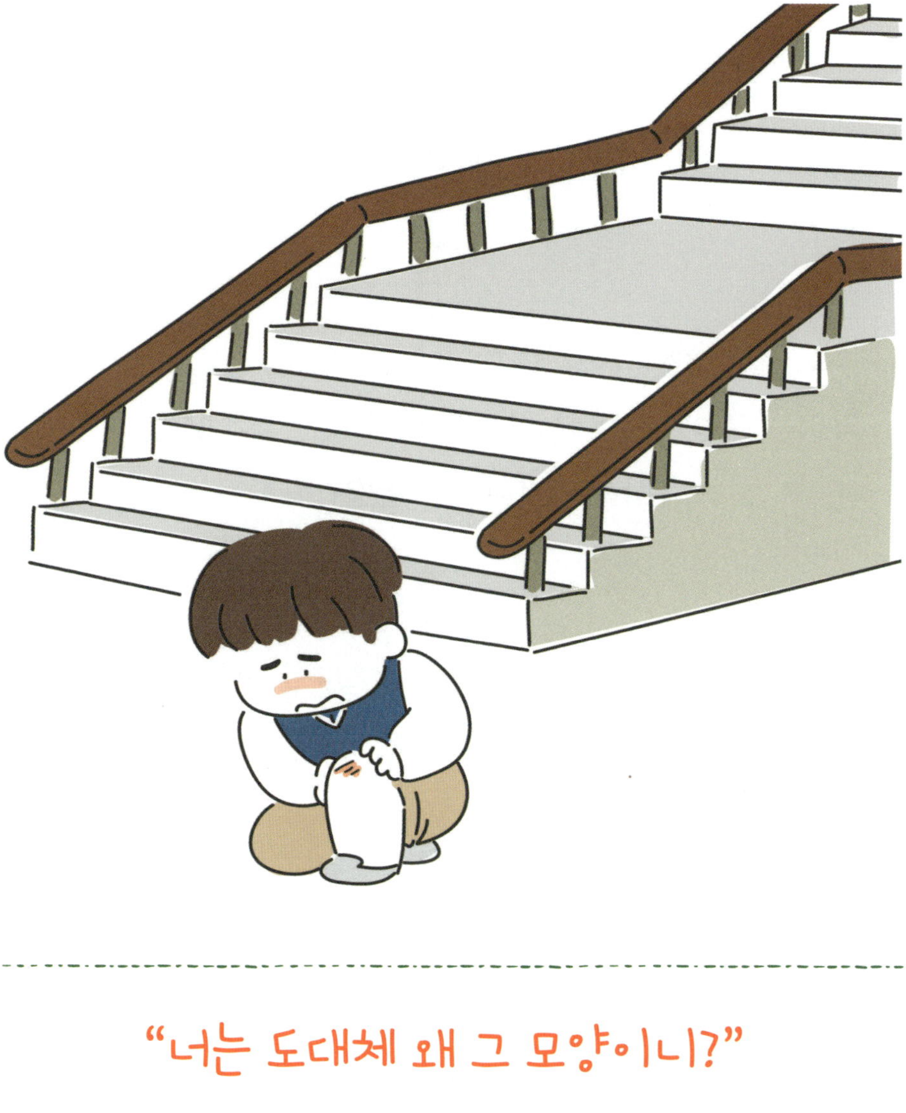

"너는 도대체 왜 그 모양이니?"

## 말 상처 처방전

다른 데 다친 곳은 없니?

네가 다치면
내 마음이 아프단다.

이만하길 다행이구나.
넌 선생님한테도, 엄마와 아빠한테도, 친구들에게도
소중한 사람이라는 걸 잊지 마.

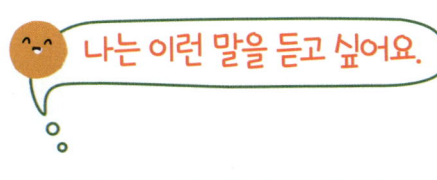

------------------------------------------------

------------------------------------------------

우리 반 대표로 그림 그리기 대회에 나가고
싶어서 손을 번쩍 들었어.

"네 실력으로는 어림없어!"

> 말 상처 처방전

열심히 노력하면
너도 할 수 있어.

그래 한번 해보자.
선생님이나 친구들이 도와줄 일이 있을까?

적극적인 네 성격 정말 좋아.
선생님도 힘껏 응원할게.

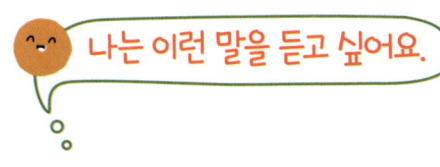

나는 이런 말을 듣고 싶어요.

------------------------------------------------

------------------------------------------------

이어달리기를 하다가 넘어지는 바람에
우리 반이 꼴찌를 하고 말았어.

"기대도 하지 않았어."

> 말 상처 처방전

비록 1등은 못했지만, 이어달리기를 통해
협동하는 마음과 응원하는 마음에 대해 배웠으면 됐어.

다치지는 않았니?
1등을 하는 것보다 네가 더 소중하단다.

네가 1등을 하든 꼴찌를 하든
언제 어디서나 누가 뭐라고 해도
선생님은 항상 너를 사랑한단다.

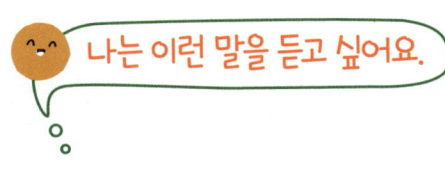

------------------------------------------------

------------------------------------------------

"싫어요. 안 할래요! 저는 빼 주세요!"

"다 컸는데 왜 아기처럼 구니?"

> 말 상처 처방전

함께 생활할 때는 협력이 필요해.
그런데 지금 너의 행동은 친구들에게
피해를 주고 있단다.

짜증을 부린다고 문제가 해결되지는 않아.
조금만 더 시간을 갖고 생각해 보렴.

어떻게 하고 싶은지
네 생각이나 의견을 얘기해 줄래?

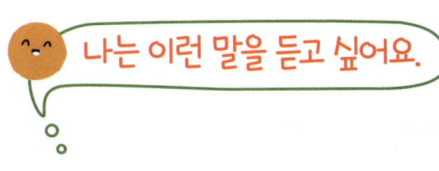

나는 이런 말을 듣고 싶어요.

------

------

학교에서 영화를 보는데 슬퍼서 눈물이 났어.

"어린애처럼 울지 좀 마."

> 말 상처 처방전

너는 감정에 솔직해서 좋아.
선생님도 그러고 싶어.

영화가 많이 슬펐나 보구나.
너는 공감 능력이 좋은 아이인 게 틀림없어.

슬픔도 소중한 감정이란다.
마음껏 울고 나면 후련한 마음이 들 거야.

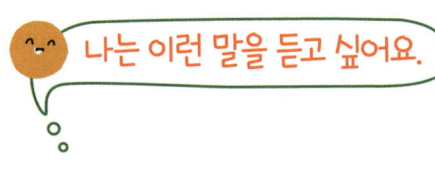

------------------------------------------------

------------------------------------------------

**22**

하민이가 먼저 욕을 해서
나도 똑같이 욕을 했는데 선생님이 나만 야단쳤어.

"욕하지 말랬지!"

> 말 상처 처방전

화가 많이 났구나? 나라도 그랬을 거야.
하지만 욕을 하면 네 마음도 어두워지고 친구도 상처를 받아.

친구가 욕을 한다고
똑같이 욕을 하면서 싸울 필요가 있을까?

욕은 문제를 해결하는 데 도움이 되지 않아.
차라리 "나 지금 화났어."라고 말하는 것이 훨씬 낫단다.

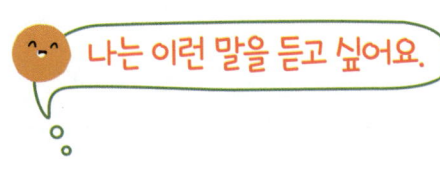

------------------------------------------------

------------------------------------------------

책상 정리를 하지 않고 나 혼자 빈둥거렸더니
선생님이 얼굴을 찌푸리며 말씀하셨어.

"넌 게을러서 탈이야."

## 말 상처 처방전

귀찮은 일도 자세히 보면
좋은 점이 섞여 있단다.

귀찮고 싫다고 해서 그 일을 하지 않으면
좋은 것도 얻지 못하게 돼.

빈둥거리면 너도 마음이 편치 않을 것 같아.
선생님이 도와줄게. 같이 해볼래?

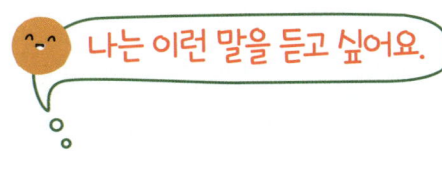

----------------------------------------

----------------------------------------

선생님이 다리를 다친 준서에게 자리를
양보하라고 했지만 싫다고 했어.

"너 참 이기적이다."

## 말 상처 처방전

네 생각은 어떤데?
스스로 생각할 시간을 줄게.

우리에게 아무것도 아닌 일이
누군가에게는 어려운 일이 될 수도 있단다.
준서의 입장에서 다시 한번 생각해 줄 수 있을까?

네가 양보해 주면
준서가 고맙게 생각할 거야.

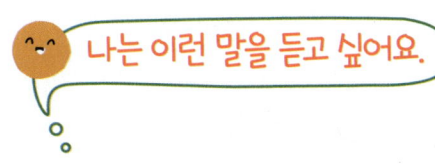

나는 이런 말을 듣고 싶어요.

------------------------------------------------

------------------------------------------------

25

계단을 우당탕탕 뛰어서 내려왔어.

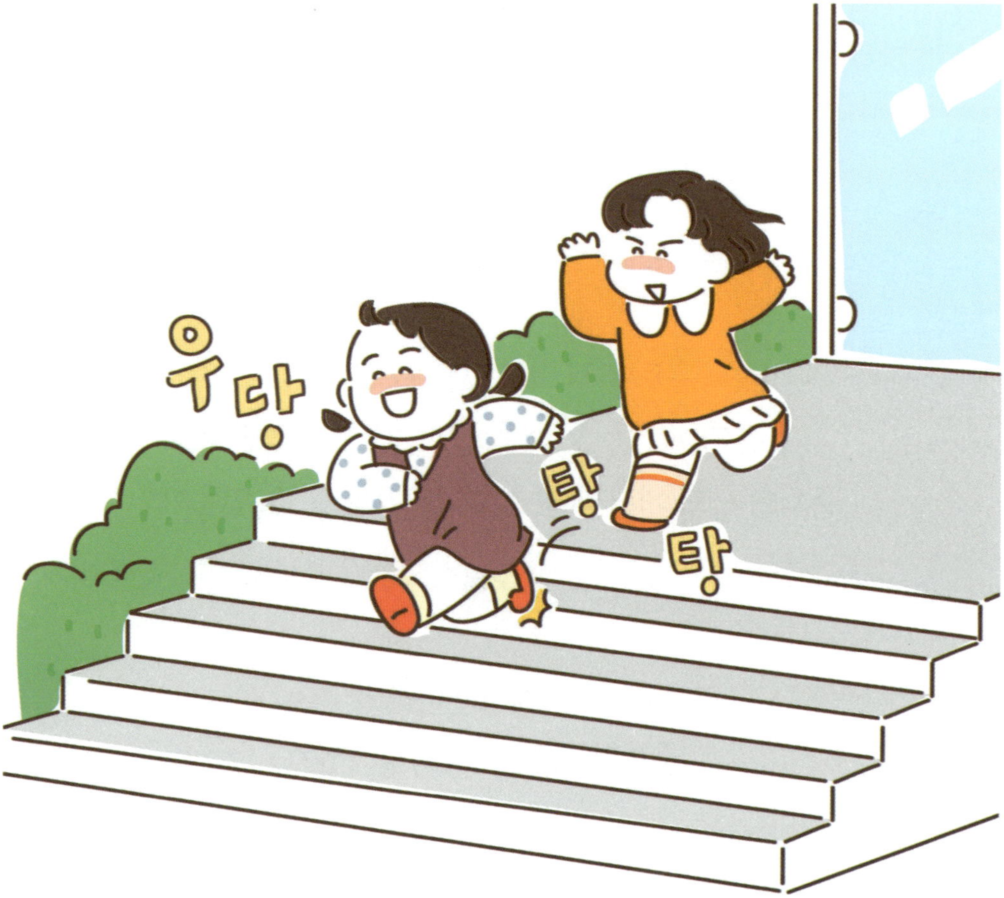


"여자답게 행동해라."

## 말 상처 처방전

바쁜 일이 있는 모양이구나.
하지만 네가 다칠까 봐 걱정된다.

활달한 모습은 좋지만 네가 안전한 게 제일 중요하단다.

네가 어떤 모습이어도 사랑스럽지만
계단에서는 천천히 다니렴.

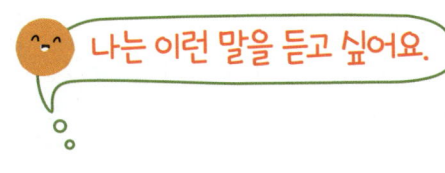

------------------------------------------------

------------------------------------------------

26

선생님을 도와 뒷정리를 하다가
유리막대를 깨뜨리고 말았어.

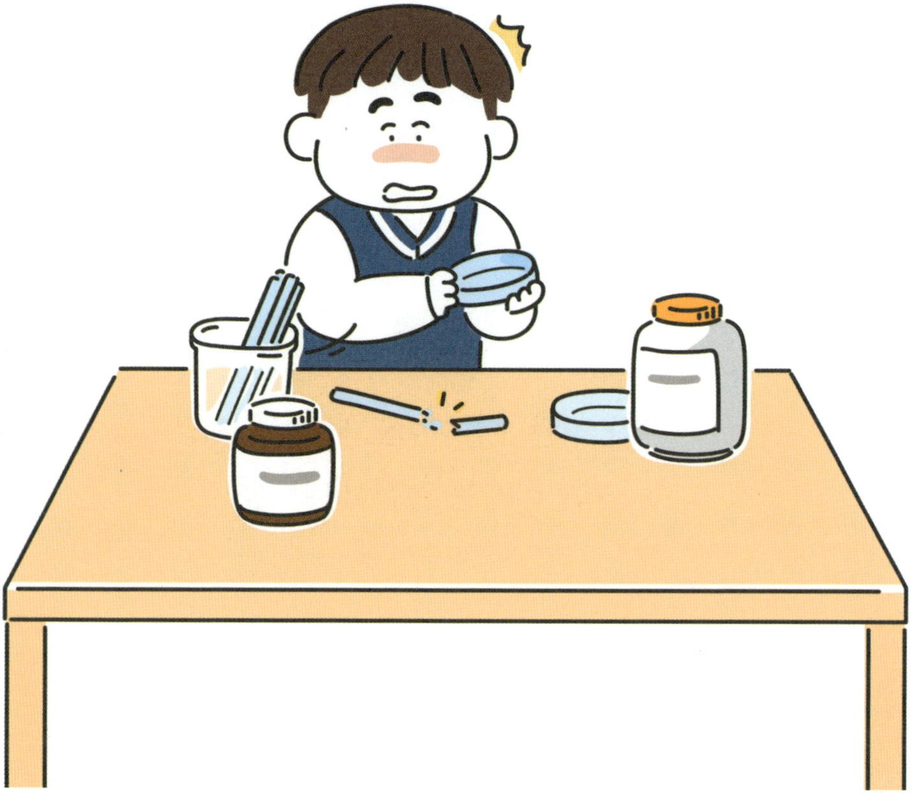

"넌 도움이 안 돼."

> 말 상처 처방전

다치지는 않았니?
좀 부족해도, 실수해도 괜찮아.

힘들었을 텐데 도와줘서 고마워.
덕분에 편했어.

선생님을 도와주려는 네 마음이 중요한 거지.
이 정도면 충분히 잘한 거야.

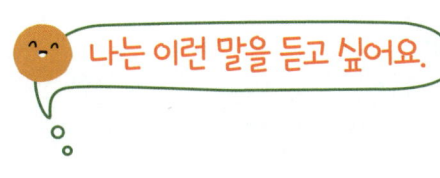

나는 이런 말을 듣고 싶어요.

------------------------------------------------

------------------------------------------------

27

뜀틀을 보자 나도 모르게 식은땀이 났어.

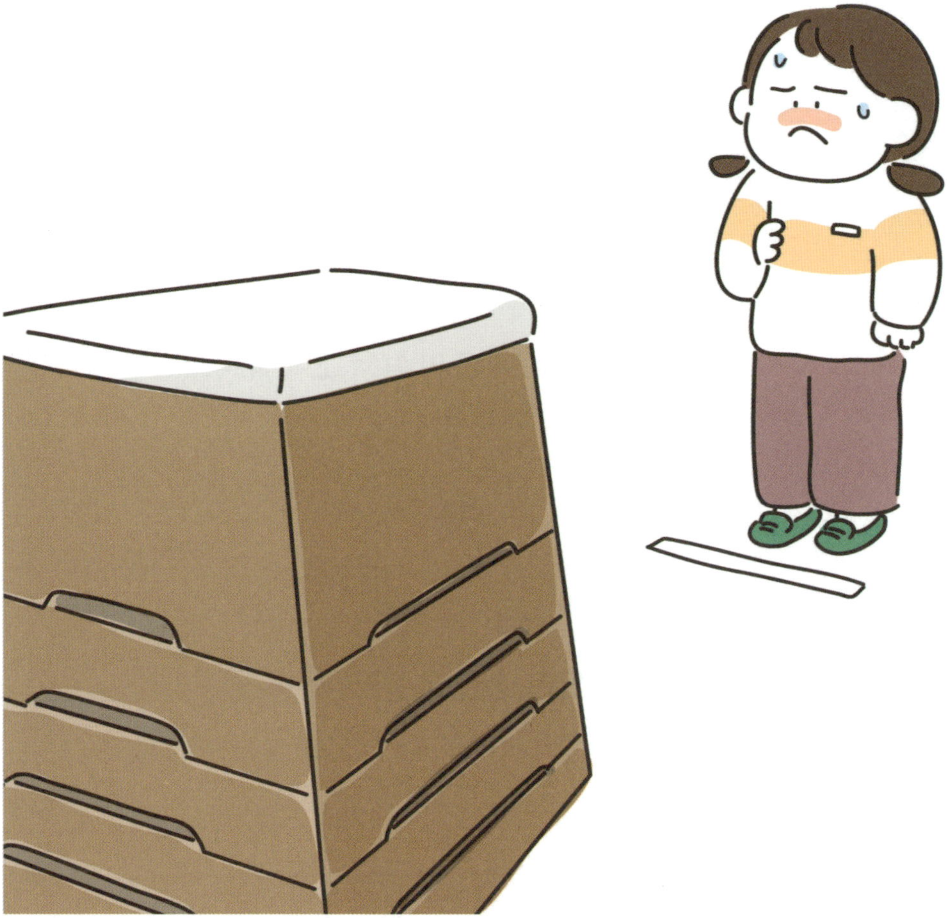

"네가 할 줄 아는 게 뭐니?"

## 말 상처 처방전

뜀틀을 넘는 것이 두렵구나.
그럴 수 있어.

못하는 게 아니야.
처음이라 두려운 거지.
내가 옆에 서 도와줄게.

선생님은 너보다도 더 못했지만 지금은 잘해.
너도 충분히 해낼 수 있을 거야.

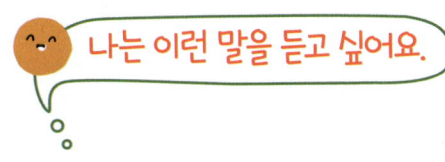

나는 이런 말을 듣고 싶어요.

------------------------------------------------

------------------------------------------------

체험 학습을 가는데 달리는 자동차 안에서
시끄럽게 떠들었어.

"얌전히 좀 있어."

> 말 상처 처방전

달리는 차 안에서 조용히 하는 것은
정말 중요한 에티켓이야.

우리 모두의 안전을 위해
조금만 조용히 해 주겠니?
선생님은 우리 모두의 안전이 중요하단다.

안전하게 목적지에 도착하려면
어떻게 해야 할까?

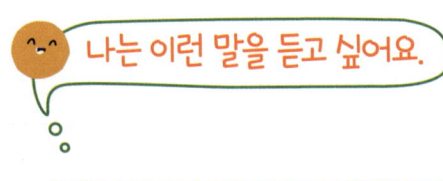

------------------------------------------------

------------------------------------------------

책상 위에 놓인 소망이의 샤프를
슬쩍 내 책가방에 넣었어.

"커서 뭐가 되려고 그러니?"

## 말 상처 처방전

샤프가 몹시 갖고 싶었구나.
하지만 물건을 잃어버린 친구의 마음이 아플 거야.

네가 샤프를 돌려주지 않으면
친구는 뭘 가지고 공부하겠니?

자기 물건이 아닌 물건을 만질 때는
꼭 주인에게 허락을 받아야 한단다.

------------------------------------------------

------------------------------------------------

30

"선생님, 나는 달리기를 좋아해요."

"공부는 못하면서!"

> 말 상처 처방전

너도 나처럼 달리기를 좋아하는구나.

어쩐지 달리기를 할 때
네 표정이 너무 행복해 보여서 좋더라.

무엇을 하든지
선생님은 네가 행복했으면 좋겠어.

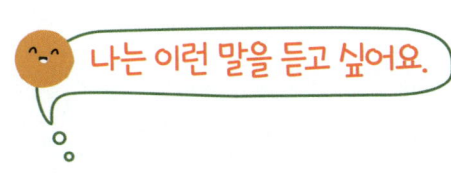

나는 이런 말을 듣고 싶어요.

-------------------------------------------

-------------------------------------------

# 상처 주는 '가족'의 말

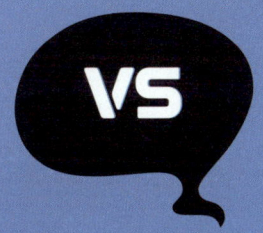
VS

## 말 상처 처방전

"이제 내가 게임할 차례야. 비켜!"
약속한 게임 시간이 끝났는데도
동생이 비켜 주지 않자 싸움이 붙었어.

"우리 집에서는 항상 네가 문제야."

## 말 상처 처방전

동생이 약속을 지키지 않아 속상한 마음 이해해.
네 기분이 나아지려면 어떻게 도와야 할까?

사이좋게 지내려면 약속을 지켜야 한다는 걸
동생에게 알려 줄게.

서로 마음이 맞지 않거나 화가 났을 때
상대방을 존중하기가 어려울 수 있어.
그래도 동생을 때리면 아프잖아.

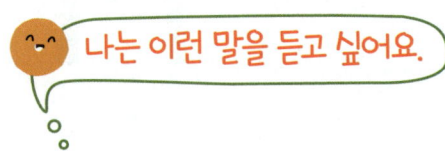
나는 이런 말을 듣고 싶어요.

------------------------------------------------

------------------------------------------------

**02** 엄마와 아빠가 여름휴가를 어디로 가면 좋을지 머리를 맞대고 의논을 하고 있어.
"바다로 가요."라고 내 의견을 말했어.

"어른들 이야기에 끼어들지 마."

## 말 상처 처방전

넌 바다를 좋아하는구나.
이번에는 그럼 바다로 가는 걸 우선으로 생각해 볼게.

네 생각을 이야기해 줘서 고마워.

그럼 이번 여름에는 바다에 가서
물놀이를 해볼까?

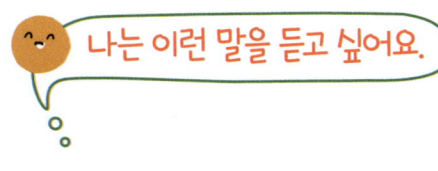

------------------------------------

------------------------------------

## 03

엄마가 언니에게만 새 옷을 사 주셨어.
나도 엄마 딸인데…….

"너는 나중에 사 줄게."

## 말 상처 처방전

많이 서운했지?
엄마가 네 마음을 몰라줘서 미안하구나.

네 마음을 솔직하게 표현해 줘서 고마워.

이번 주 토요일 날 새 옷을 사러 가자.
사고 싶은 옷이 어떤 옷인지 생각해 놓으렴.

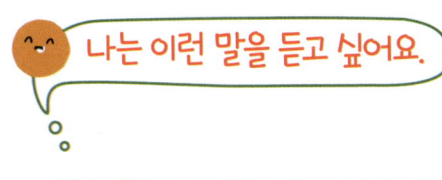

------

------

물을 마시다가 유리컵을 깨트렸어.

"너 때문에 못살아!"

## 말 상처 처방전

많이 놀랐지?
다친 곳은 없니?

일부러 그런 것도 아닌데, 뭘. 괜찮아.

당황하지 마.
어른들도 가끔 너와 같은 실수를 한단다.

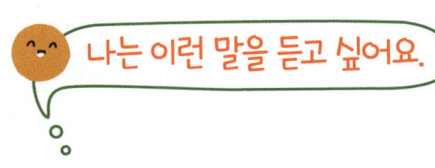

---------------------------------------------------------------

---------------------------------------------------

장난감을 가지고 놀고 있는데
동생이 달라고 떼를 썼어.

"형이니까 동생에게 양보하렴."

> 말 상처 처방전

동생이 자꾸 떼를 써서 속상하지?

네가 가지고 놀아도 된다고 허락할 때까지
동생에게 기다리라고 말할게.

동생에게 놀이 규칙을 정해 주고 그대로 해 봐도 좋아.

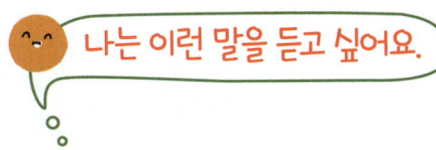
나는 이런 말을 듣고 싶어요.

------------------------------------------------

------------------------------------------------

형이 잠깐 화장실에 간 사이
형의 숙제를 만지다 망쳐 놓았어.
그랬더니 형이 화가 나서 꿀밤을 때렸어.

"넌 생각이 있는 거니? 없는 거니?"

( 말 상처 처방전 )

형이랑 놀고 싶었어?
조금만 참고 기다렸으면 놀아 줄 수 있었는데…….

네가 어리니까 이해할게. 다음부터는 그러면 안 돼.

다른 사람 물건을 만질 때는
미리 물어보고 허락을 받아야 해.

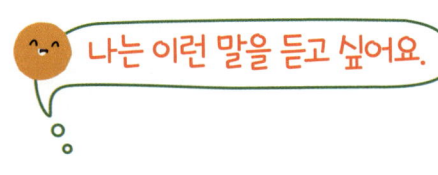

나는 이런 말을 듣고 싶어요.

------------------------------------------------

------------------------------------------------

숙제를 하는데 모르는 문제가 나와서
엄마에게 물어보았어.

"다 컸으니까 혼자 알아서 해."

## 말 상처 처방전

네 스스로 한 번 더 해보렴.
그래도 어려우면 얘기해.

문제가 많이 어려웠나 보구나.
엄마가 가르쳐 줄게.

엄마가 어떻게 도와줄까?

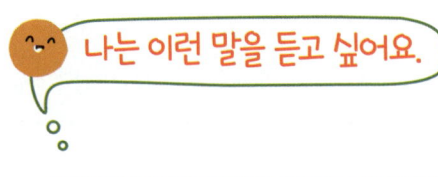

------------------------------------------------

------------------------------------------------

놀이터에서 술래잡기를 하는데
친구가 자꾸만 술래를 나한테 미뤘어.
토라져서 집으로 와 아빠한테 일렀어.

"절대 친구한테 지면 안 돼!"

> 말 상처 처방전

술래잡기를 할 때는 순서대로 술래가 되어야 한다고
친구에게 알려 줘야겠구나.

불공정한 것을 깨닫고 화가 났구나.
친구에게 네 생각을 잘 전달해 보렴.

많이 섭섭했구나. 친구들이랑 싸우지 않고
사이좋게 지내는 방법을 같이 생각해 보자.

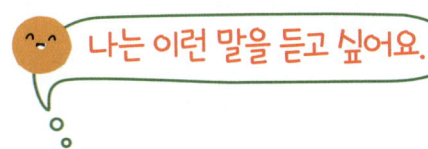

------

------

받아쓰기를 70점 맞았다. 집에 가기 싫다.
보나마나 엄마가 이렇게 말할 테니까…….

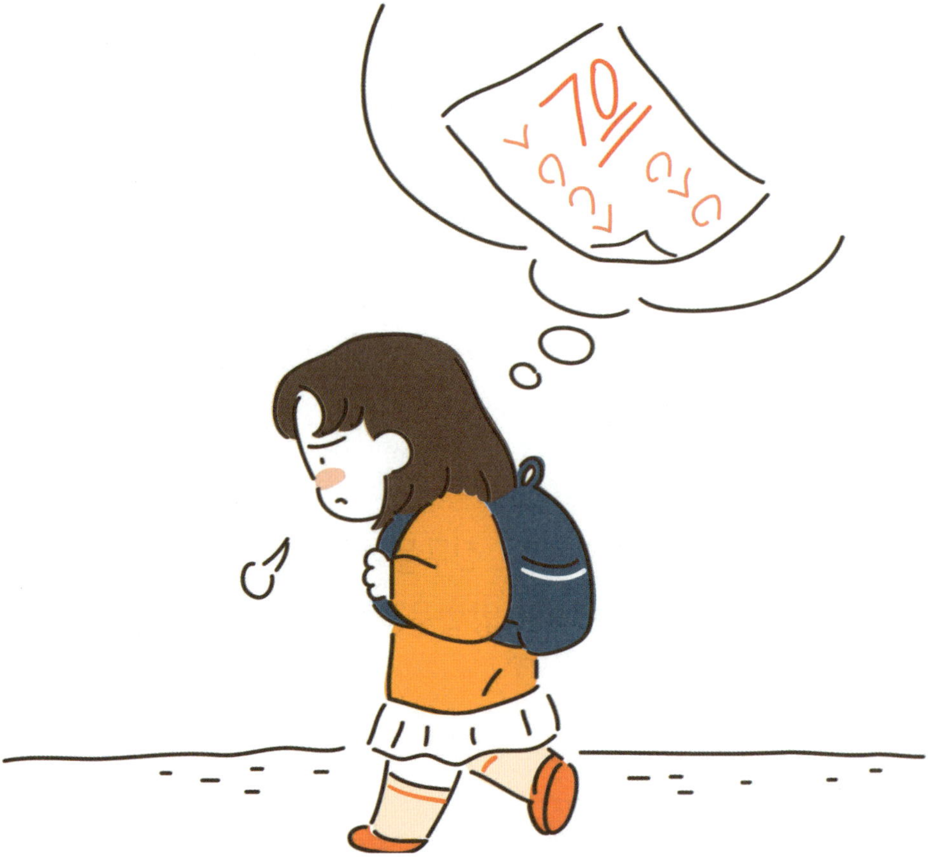

"지원이는 100점 맞았다는데,
너는 70점이 뭐니?"

> 말 상처 처방전

열심히 노력했는데 원하는 점수가
나오지 않아 속상했겠구나.
그래도 공부하느라 수고했어.

이번에는 문제가 많이 어려웠나 보구나.
다음에는 더 잘할 수 있을 거야.

엄마가 널 믿는 것처럼
너도 너 자신을 믿으렴.

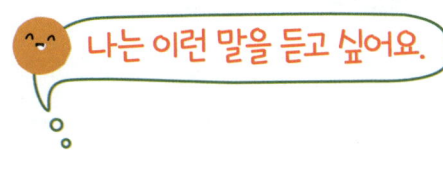
나는 이런 말을 듣고 싶어요.

------------------------------

------------------------------

10

자전거를 타면서 한눈을 팔다가 넘어졌어.

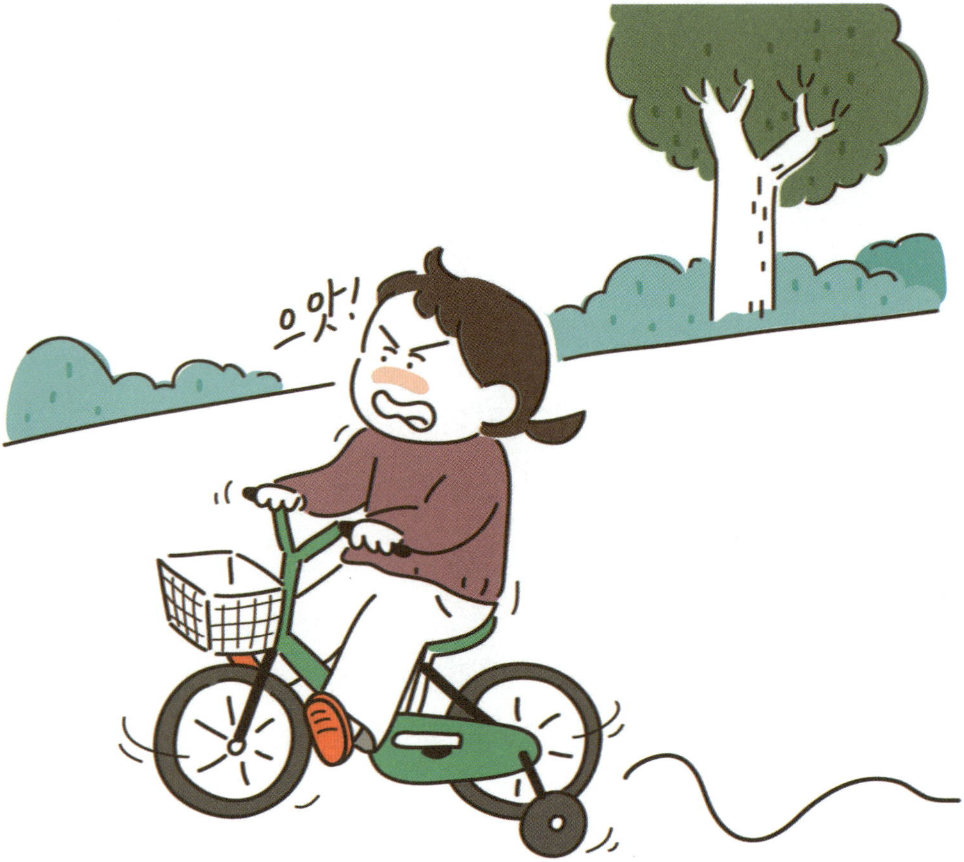


"넌 누굴 닮아서 덤벙대니?"

> 말 상처 처방전

실수를 통해서
좋은 경험을 쌓았다고 생각하렴.

무슨 일을 할 때는 한눈팔지 않고
집중해야 한다는 걸 배웠지?

다치지는 않았니?
크게 다칠 수도 있으니,
다음에는 조금 더 집중해서 타 보자.

나는 이런 말을 듣고 싶어요.

------------------------------------------------

------------------------------------------------

 키우던 금붕어가 죽자 슬퍼서 눈물이 났어.

"남자는 울면 안 돼!"

> 말 상처 처방전

왜 우는지 말해 줄래?
아빠는 네 말을 들을 준비가 되어 있단다.

그런 까닭이 있었구나.
슬플 때는 마음껏 울어도 괜찮아.

눈에 보이지 않는다고 사라진 건 아니야.
네 마음속에는 금붕어에 대한 추억들이 가득 있잖아.

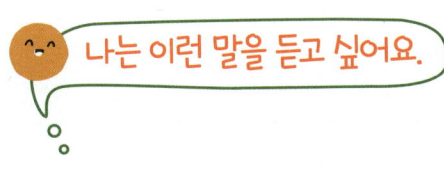

------

------

"엄마, 오늘 하루만 양치질
안 하면 안 될까요?"

"맨날 그런 식이지!"

## 말 상처 처방전

귀찮다고 해서 양치질을 하지 않으면
어떤 결과가 나타날까?

충치가 생기면 좋아하는 음식을 마음대로 먹을 수 없어.
소중한 이를 보호하려면 양치질은 반드시 해야 한단다.

엄마도 양치질이 귀찮게 생각될 때가 많아.
우리 3분만 있다 같이 하는 건 어때?

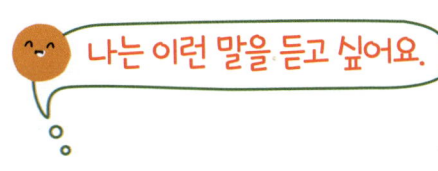

------------------------------------------------

------------------------------------------------

동생과 장난을 치고 있는데
엄마가 소리를 빽 질렀어.

"그만 놀고 공부해."

## 말 상처 처방전

공부부터 하고 놀면
마음 편하게 놀 수 있을 것 같은데.

공부에 집중하기가 힘든가 보구나.
다른 방법을 고민해 보자.

하루에 10분씩만 책상에 앉아 볼까?
그 정도면 부담 없이 공부할 수 있을 것 같지?

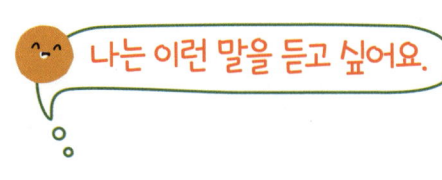

--------------------------------------------------

--------------------------------------------------

리모컨을 가지고 다투다가
동생을 때리고 말았어.

"네가 나빴어. 당장 사과해!"

## 말 상처 처방전

누군가에게 고통을 주었을 때는
사과를 해야 한단다.

사과는 어려운 게 아니란다.
용기를 내 보렴.

진심을 담아 사과를 한다면
동생과 다시 사이좋게 지낼 수 있을 거야.

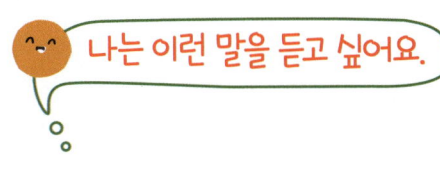

---------------------------------------------

---------------------------------------------

거울을 깨뜨린 건 언니인데,
엄마는 내가 깨뜨렸다고 생각해.

"너는 왜 조심성이 없니?"

> 말 상처 처방전

엄마가 네 얘기를 듣지 않고 오해했구나.
미안해서 어쩌지?

언니 대신 혼나서
정말 억울했겠구나. 미안해.

시간이 지나면 진실은 밝혀진단다.
다음부터는 엄마가 널 믿어 줄게.

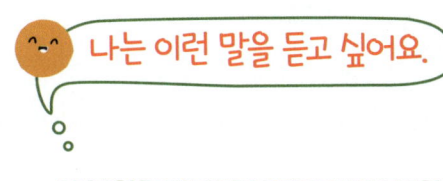

------------------------------------------------

------------------------------------------------

16

동생에게 우유를 따라 주다가
바닥에 쏟고 말았어.

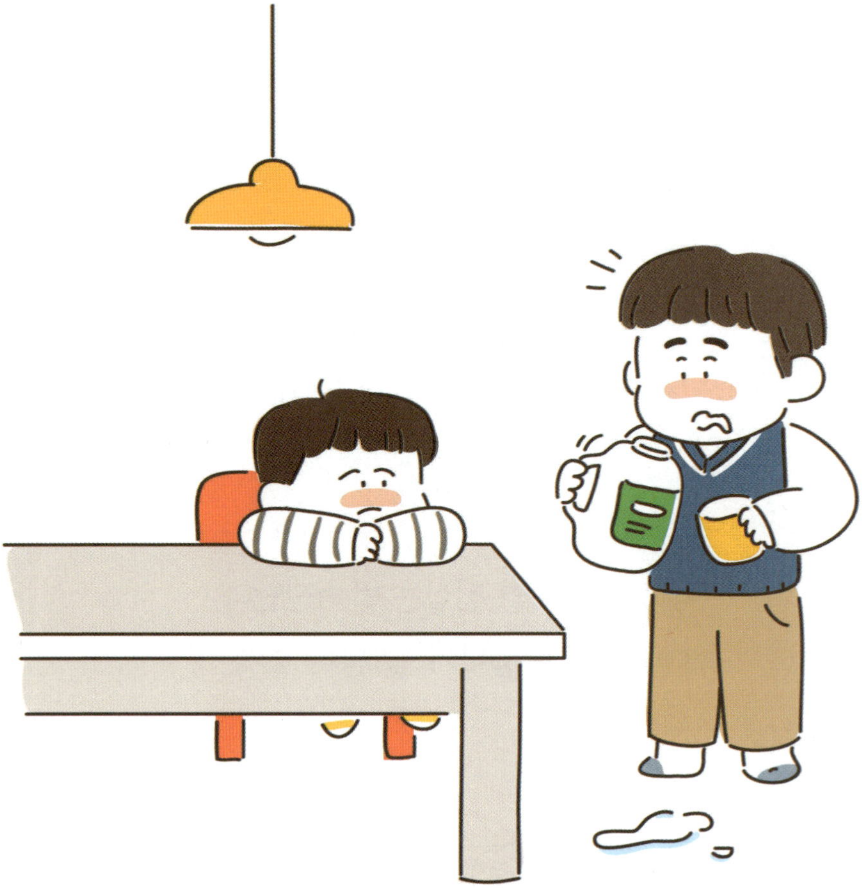

"너는 할 줄 아는 게 아무것도 없구나."

> 말 상처 처방전

잘하고 싶지만
마음처럼 잘 안 되는 모양이구나.

괜찮아.
다시 하면 돼.

동생을 도와주려는 네 마음이 중요해.
그런 너를 보는 것만으로도 아빠는 마음이 든든해.

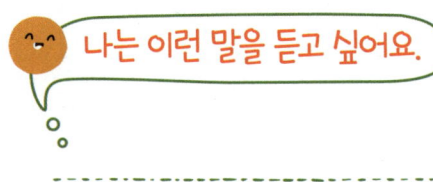

------------------------------------------------

------------------------------------------------

학교에 다녀오자마자 배가 고파서
빵을 두 개나 먹었어.

"그만 먹어. 살쪄!"

> 말 상처 처방전

많이 배고팠어?
오늘 학교에서 신나게 뛰놀았나 보구나.

다음부터는 더 맛있는
간식을 준비해 둬야겠네.

키가 크려나 보다.
우유도 꺼내 줄까?

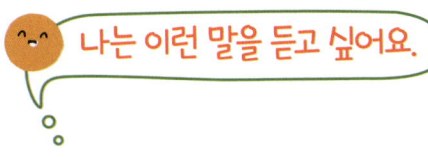

------------------------------------------------

------------------------------------------------

열심히 공부했는데 예상했던 것보다
시험 점수가 엉망이야.

"우리 집안에 너처럼 머리가
나쁜 사람은 없어."

## 말 상처 처방전

노력했는데 아쉽겠구나.
다음에는 더 좋은 점수를 받을 수 있을 거야.

고생했어. 시험은 잠시 잊고 오늘은 아빠랑 놀까?

네가 원했던 목표가 이루어지지 않았다고 해서
지금까지의 노력이 헛된 것은 아니란다.

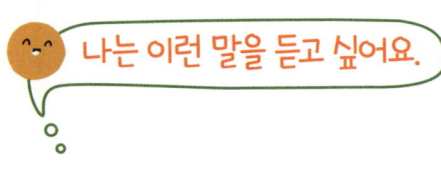

------------------------------------------------

------------------------------------------------

19

학원 가는 것도 잊고 친구와 노느라
깜깜해져서 집으로 갔어.

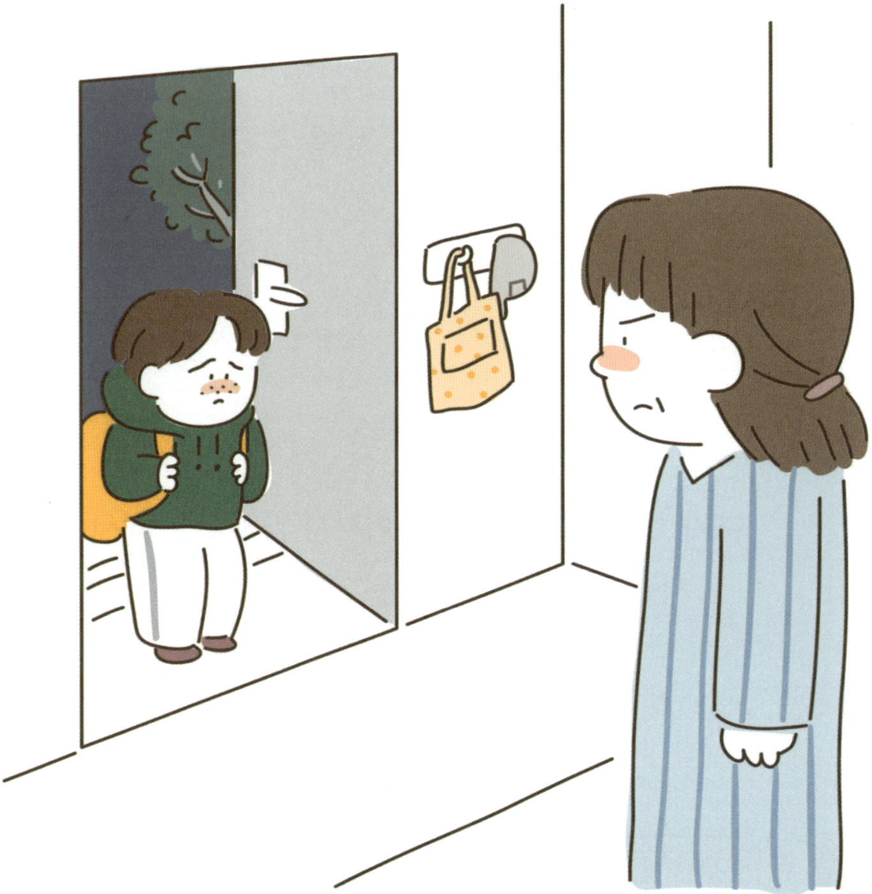

"잘못했니? 안 했니?"

## 말 상처 처방전

널 무척 걱정했단다.
늦어질 땐 연락을 주면 좋겠어.

친구랑 놀다 보면 그럴 수 있지.
하지만 책임감 있는 모습을 보여 주면 좋겠구나.

엄마가 야단쳐서 서운한 기분이 들 거야.
그래도 지금 잘못을 바로잡지 못하면
나중에 나쁜 습관이 생길 수도 있단다.

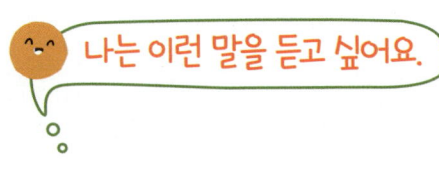

------

------

학원 마치고 집에 도착하자마자
소파에 벌러덩 눕자 엄마가 말했어.

"숙제부터 하고 쉬어."

> 말 상처 처방전

공부하느라 힘들지?

오늘은 휴식이 필요한가 보구나.

방해하지 않을 테니
편안하게 쉬렴.

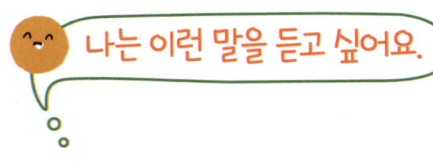

친구 집에 놀러 갔다가
예쁜 인형을 가져오고 말았어.

"이런 못된 짓, 누구한테 배웠니?"

## 말 상처 처방전

이 인형은 엄마가 사 준 게 아니잖아.
어떻게 된 건지 말해 줄 수 있겠니?

인형을 볼 때마다
가시가 박힌 것처럼 마음이 따끔거릴지 몰라.

용기를 내서 친구에게 인형을 돌려주러 갈까?
엄마가 같이 가 줄게.

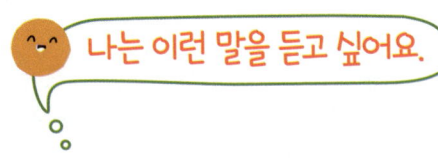

------------------------------------------

------------------------------------------

피곤해 보이는 엄마를 대신해서
설거지를 하다가 접시를 깼어.

"시키지 않은 일은 하지 마."

> 말 상처 처방전

엄마를 생각하는 네 마음이 정말 고마워.

엄마가 일하고 오느라 피곤했는데
네 덕분에 힘이 난다.

너한테 힘든 일인데 해 줘서 고마워.
다치진 않았지?

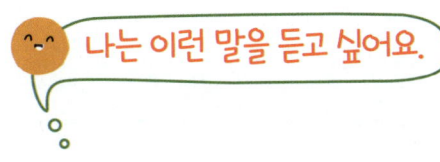

------------------------------------

------------------------------------

23

열심히 연습을 했는데도
피아노 대회에서 상을 받지 못했어.

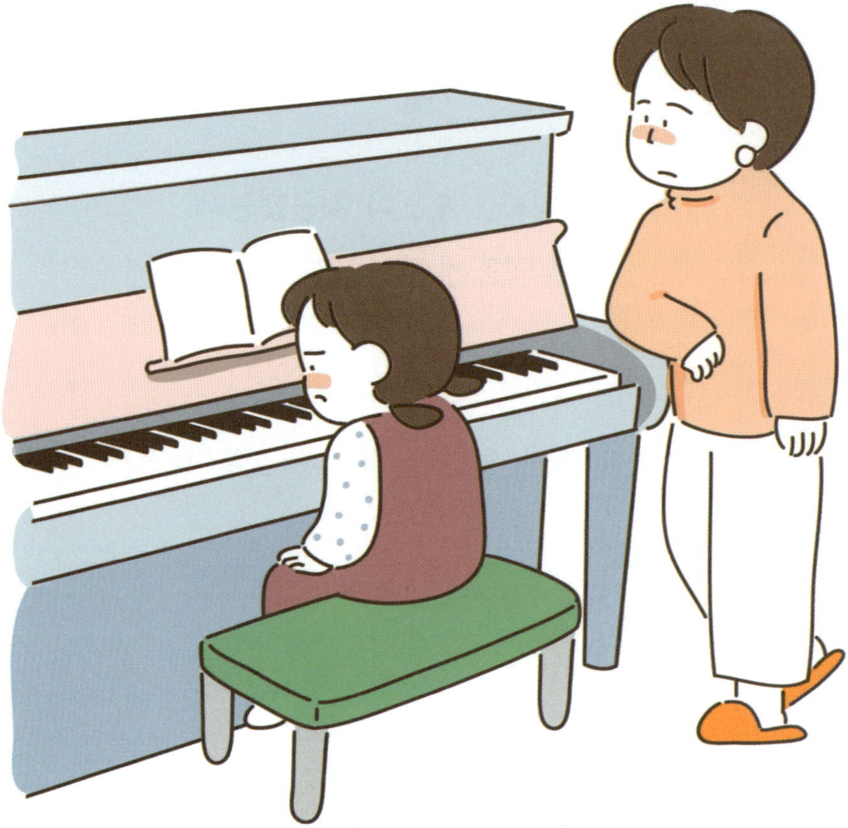

"상 하나 못 받다니 너 때문에 창피해."

> 말 상처 처방전

네가 후회 없이 최선을 다했으니
잘한 거야.

최고보다는 최선을 다하는 게
무엇보다 중요하단다.

실패할까 봐 아무것도 하지 않으면
어떤 일도 해낼 수 없단다. 수고했어.

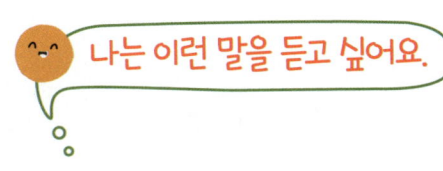

------------------------------

------------------------------

오빠가 먼저 나를 때렸다고 억지를 부렸더니
엄마가 고개를 흔들며 말했어.

"거짓말하지 말랬지?"

## 말 상처 처방전

네가 한 거짓말 때문에
오빠가 피해를 볼 수도 있는데 괜찮겠어?

오빠도 너도 잘못한 게 있을 거야.
하지만 무조건 오빠 잘못이라고 말해선 안 돼.

네 마음이 어떤지 더 솔직히 말해 봐.
엄마는 너를 도와주고 싶어.

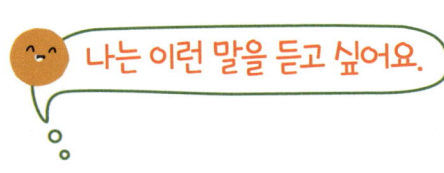

집에 있는데 엄마가 너무 보고 싶었어.
엄마한테 전화를 걸어 빨리 오라고 보챘어.

"넌 이제 다 컸잖아."

## 말 상처 처방전

엄마가 지금 일하는 중이야.
엄마 사정을 이해해 줄 수 있겠니?

금방 갈게.
의젓하게 기다려 줄 수 있지?

조금만 기다려 주겠니?
잘 기다리고 있으면 갈 때 붕어빵 사 갈게.

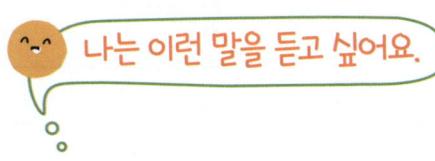

나는 이런 말을 듣고 싶어요.

## 26

"나도 같이 갈래요." 산책 나가는 아빠를 붙잡았어.
그런데 눈은 텔레비전에 붙들려 있었어.

"당장 움직이지 않으면 두고 갈 거야!"

## 말 상처 처방전

아빠와 함께 산책을 가려면
어떻게 해야 할까?

산책을 나가면
텔레비전을 보는 것보다
재미있는 시간을 보낼 수 있을 거야.

네가 텔레비전을 끌 때까지 기다려 줄게.

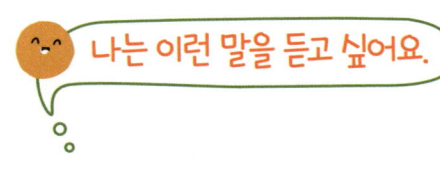

------------------------------------------------

------------------------------------------------

# 27

엄마가 소망이네 집에서 자는 걸
허락해 주지 않아서 엄청 화가 났어.

"넌 왜 이렇게 고집불통이니?"

## 말 상처 처방전

화를 멈추고 침착하게 말해 주면
네 생각을 이해하는 데 도움이 될 것 같아.

네가 그렇게 속상해하면 엄마 마음도 아파.

네 마음을 잘 알겠어.
어떻게 하면 좋을지 서로 의논해 보자.

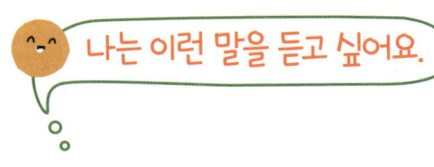

------------------------------------------------

------------------------------------------------

28

아빠가 회사일 때문에 놀이공원에 가기로 한
약속을 지키지 못했어.
마음에 구멍이 뻥 뚫린 것 같아.

"넌 그런 것도 이해 못 하니?"

## 말 상처 처방전

네 입장에서 화가 나는 건 당연해.

손꼽아 기다렸을 텐데
놀이공원에 못 가게 되어 정말 미안해.

다음에는 꼭 같이 가자.
가서 맛있는 솜사탕도 사 줄게.

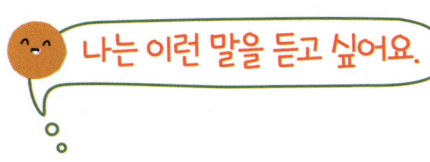

------------------------------------------------

------------------------------------------------

 2등을 해서 기분 좋게 집으로 갔어.

"다음번에는 1등 할 수 있지?"

## 말 상처 처방전

열심히 노력하더니 결국 해냈구나!

네가 좋아하는 것을 보니까 엄마도 기뻐.

공부하느라 힘들었을 텐데
애써 줘서 고마워.

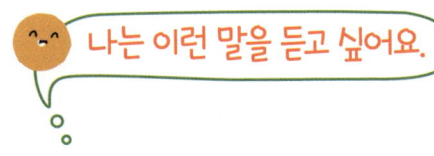

아빠가 퇴근해서 돌아오자 반가운 마음에
허리를 붙잡고 매달렸어.

아빠!

"귀찮아, 저리 가."

## 말 상처 처방전

아빠가 회사에서 일을 하고 와서 피곤한데
10분만 쉬게 해 줄래?

조금 쉬고 나면, 기운이 나고 기분도 좋아질 거야.
그다음 너와 신나게 놀아 줄게.

회사에서 아빠가 힘들었는데
네가 안아 주니까 힘이 난다.

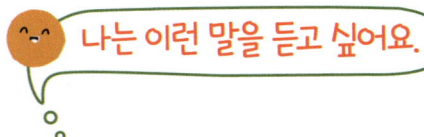

나는 이런 말을 듣고 싶어요.

---------------------------------

---------------------------------